Polvo de alas de una gran mariposa.

El último poemario de José Martí.

José Raúl Vidal y Franco

Colección Hojarasca
Editorial dos patrias
Miami, Florida
2024

José Martí
**Polvo de alas
de una gran mariposa
&
La pena como un guardián**

Colección Hojarasca
Editorial dos patrias

Corrección: Yamilet Aiello Bahamonde
Maquetación: Leo Morell
Composición y diseño de cubierta: Leo Morell
Ilustración de Cubierta: *Diafragma* (detalle), de Parris Manuel

Copyright © José Raúl Vidal y Franco, 2025
Copyright © Editorial dos patrias, 2025

ISBN 979-8-218-75459-4

All rights reserved. No part of this publication may be reproduced, stored as a retrieval system, or transmitted, in any form or by any means, electronic, mechanical, photocopying, recording, or otherwise, without the prior permission of the author.
www.editorialdospatrias.com

Colección Hojarasca
Miami, Florida.
Printed in U.S.A
2025

A la Caridad del Cobre: Madre mambisa.

Polvo de alas de una gran mariposa

El último poemario de José Martí.

José Raúl Vidal y Franco

A mi esposa y mis hijos.

Nunca puede ser dicha la verdad de manera que pueda ser comprendida sin ser creída

William Blake.

Abreviaturas y Siglas

Pc.Ec. (1993). *José Martí: Poesía Completa. Edición Crítica.* La Habana. Letras Cubanas y Centro de Estudios Martianos, en dos tomos. Todos los textos en versos proceden de la mencionada edición, y serán consignados con las siglas Pc.Ec. entre corchetes, seguidas por el tomo y la paginación.

Oc.Ec. (2007). *José Martí: Obras Completas. Edición crítica.* La Habana, Centro de Estudios Martianos.

Mc: Mecanuscrito.

Ms: Manuscrito.

CEM: Centro de Estudios Martianos.

Oc. Obras completas.

Pi. Palabra ilegible.

Cfr. Confróntese.

Todas las referencias en textos de José Martí proceden de Martí, J. (1975). *Obras* completas. La Habana, Ciencias Sociales; por lo que serán consignadas entre paréntesis únicamente con el número de tomo, seguido de la paginación, salvo se indique lo contrario.

Entre conchetes se consignan los títulos de poemas que no puso Martí, así como también algunas anotaciones del autor.

Confidencias

La poesía de José Martí, para no hablar de su prosa —narrativa, discursos, crónicas y artículos— es mayormente desconocida por el público, a pesar de que su obra ha sido publicada desde inicios del siglo XX. *Versos Sencillos* es el más mencionado y trajinado de sus poemarios; *Ismaelillo* y *Versos libres* son menos leídos y conocidos. A los tres, sin embargo, la crítica y la academia les han prestado considerable atención desde hace tiempo.

No es el caso de *Polvo de alas de una gran mariposa*, publicado por primera vez en la isla por la Editorial Trópico como parte de las *Obras Completas* (1936). Por ello es entendible que no haya despertado aún suficiente interés de la crítica y, por consiguiente, del público. Todavía para muchos, un cuarto libro de poesía martiana resulta un asombroso descubrimiento.

Como libro independiente ha contado con valiosas ediciones de Luis Álvarez Álvarez (1994) y Emilio de Armas (2018). Ahora el ensayista José Raúl Vidal nos trae una nueva compilación de la obra, precedida de un pormenorizado análisis. El investigador nos tiene acostumbrados a un tipo de exégesis donde no deja nada por escudriñar. Así lo ejemplifica en *José Martí a la lumbre del zarzal (2014)* y *Los Versos libres de José Martí: notas de imágenes* (2016). Al aplicarse a *Polvo de alas de una gran mariposa* nos va alumbrando el camino de la lectura, guiado por su entusiasmo y pericia pedagógica.

Combinando alusiones al contexto histórico, datos biográficos, poética y simbología martianas, la aparente sencillez de los versos se carga de significados y relevancias antes ocultas. Ante nosotros, una obra excepcional, un texto radicalmente diferente, pleno de "provocaciones literarias e intimismos", y también de misterios ligados a la biografía del poeta. Con todo, Vidal entiende que, a diferencia de la poesía martiana célebre, esta no se circunscribe a una etapa específica de su vida, y sostiene que la elaboración experimental de versos mínimos, con fuerte carga erótica, podría abarcar un largo período de tiempo.

Un acierto es, sin dudas, la remisión a otros poemarios donde pueden hallarse inspiraciones, atisbos y semillas de versos objeto del análisis. Por cierto, el autor propone ciertas ideas e interpretaciones con las cuales el lector no siempre tiene que coincidir, pero ello deviene incentivo y desafío para una lectura inteligente. Asimismo, resulta muy acertada la idea de juntar poemario y análisis, lo cual permite validar la interpretación sin separarla de la obra.

Se evidencia que no vale insistir en posibles faltas; mucho menos repetir que aquellos papeles eran "*manuscritos de gaveta*", necesitados de revisión y pulimento, o que su publicación no quedó autorizada en la carta testamento de abril de 1895. Al contrario, para el autor su valor radica en la naturaleza inacabada y espontánea. Así, el libro es una muestra de amor que Vidal ha ido fraguando con fervor y vehemencia martianas.

Ojalá que ese espíritu contagie al lector para que se conozca y disfrute más la obra del Martí escritor, del Martí poeta, que demasiadas veces suele perderse de vista entre efemérides, himnos y banderas.

Emilio J. Sánchez

Estos versos

POLVO DE ALAS DE UNA GRAN MARIPOSA[1] es un poemario de coloración diferente al resto de la manufactura poética martiana. Interesa ser sensible a esta diferencia si se desea acoger la dimensión de la persona humana sin juzgar ni malentender. Son versos de puro afecto en los que metáfora y erotismo convergen para legar una lectura exclusiva del intimismo del poeta, por mucho tiempo dejado en la sombra. Especialmente importa no atender sólo a algún verso, vocablo, símbolo, o parte de ellos, sino a la orientación global del texto como una unidad temática cargada de rica sensualidad.

El sobajeo de la crítica ha obviado aspectos del escenario íntimo de Martí, pleno de insatisfacciones a veces, gozoso otras, en favor del ser marmoleo. Peca de excesivo formalismo. Poco o nada se conoce de sus andanzas juveniles. Ni su diario de adolescente con el que —según se sostiene sin prueba material alguna—, se hizo enterrar Micaela Nin, la esposa de Mendive, ni las cartas a su madre hasta 1881,[2] ni el propio silencio del poeta están para aquilatar determinados espacios biográficos. Aún queda mucho por documentar, por el simple hecho de lo mucho que escribió.

Por defecto u omisión —propios del fanatismo visceral—, se decide decir o no, según convenga a los claroscuros de la leyenda martiana, y en la que se difunden algunas concepciones equívocas sobre el hombre. Releer a Martí, fuera de estos términos, trasgrede la narrativa tejida en las múltiples orillas de Cuba e, incluso, la percepción de algunos, pues se asume como algo demasiado escandaloso. A menudo, Martí se convierte en una categoría cultural

---

[1] En lo adelante el título del poemario *Polvo de alas de una gran mariposa* será referido como *Polvo de alas de una...*, para diferenciarlo de estudios anteriores que consigna este conjunto poemático exclusivamente como *Polvo de alas de mariposa*; salvo se indique lo contrario.

[2] A juzgar por el cúmulo de reclamos de doña Leonor Pérez a Martí, en su carta del 14 de octubre [1881], el epistolario destruido parece haber sido abundante desde su primera separación e ingreso en la Cárcel Nacional, acusado del delito de infidencia, el 21 de octubre de 1869, seguido de deportaciones y vida de exilio. Cfr. sobre el particular (García Pascual, L. *Destinatario José...* 78).

de la que no puede prescindirse, sobre todo cuando muchos que lo nombran, lo desconoce. Esta simplificación resulta lamentable cuando no una pifia historiográfica, sea por el desdén o el descuido deliberado de la crítica o de pautas editoriales —o peor aún—, por la ignorancia amplificada de la biografía del hombre. Hay que reconocerlo: se tiene aquí algo radicalmente falseado, en especial, por el concepto *deber* que marca su vida pública en el curso de la historia, sin dejar espacio a la intensidad de temas más privados que en nada merman su prestigio moral. Antes bien, acercan a la persona humana que fue sin subterfugios ni superficialidades.

En el hombre público martiano subyace el hombre silenciado, el hombre cuya solitud se presenta como la abstinencia que rige su aspiración de mejoramiento personal y social, el ser que se esfuerza en disciplinar las exigencias del cuerpo casi de modo ascético. En su ámbito interior se piensa al canalizar anhelos y frustraciones a través del verso. No duda en verter tonos agradables y desagradables versus raciocinio y realidad. Sobre el particular escribe: *pasión por el deber: preferencia por el martirio voluntario, esto es alma que asciende. Lo otro es cuerpo que retiene. Esa clase de cuerpo que hay que vencer* (22, 322).[3] Renunciación y sufrimiento son asumidos como práctica de una vida austera, y hasta mortificante, en continuo conflicto según sea el contexto y la ocasión. En uno de los *cuadernos* que, por cierto, no pudo pensar que saldría a la luz, anda este curioso apunte:

> Un hombre, cabeza, desenvuelto de un lado. Todo me duele de este lado. Pasión, me hincha este lado. Gozo, siento la vida de este lado.
> Otro. De otro lado.
> Partir de abajo arriba: juntar las dos mitades de cabeza, cultivarse entero (22, 72).[4]

---

[3] José Martí: Otros fragmentos, *Obras completas*, (22, 322). En lo sucesivo solo se indicará número de tomo y paginación. Asimismo, cuando se requiera, la autoría de José Martí será consignada con las iniciales JM.

[4] José Martí: Fragmentos. Según se consigna en la nota editorial de Oc., *sin que sea posible precisar las fechas exactas en que Martí escribió estas anotaciones, cabe inducir que fueron escritas en su mayor parte en Nueva York, entre 1885 y 1895.* (22, 9)

El universo textual subraya la conexión entre los varios ciclos del bio-ritmo martiano que en ciertas zonas de su producción literaria se revelan como nacidas de una misma experiencia vital, a veces ascética, a veces no. A este presupuesto corresponde la comprensión de los versos a partir de la totalidad del poemario *per se*. Según esto, metáfora, literalidad y realismo no parecen ser tan inequívocos en la producción del texto/verso y lo que desde la hermenéutica se ha dado en llamar *Sitz im Leben* (situación en el contexto vital). Sobre esta premisa descansa la comprensión de significados sean actuales o virtuales para conformar unidades textuales que totalizan el conjunto poético. Esto es leer al poeta desde su lugar existencial: *solos, mi verso y yo, nos contemplamos.* [Pc.Ec. I, 140]. O para decirlo desde este epigrama de ocurrencias sobrevenidas que precisa en mucho la intimidad de *Polvo de alas de una ...*:

Éste que voy enterrando
Es mi derecho a gozar:
No me lo despierte nadie,
Que es fuente de todo mal.

Esta advertencia solo declara el carácter de confidencias poetizadas para gaveta junto a la esperanza (acaso ingenua) de que nunca verían la luz como otros tantos textos, en especial *Versos libres*.

Obra como esta ofrece una lectura atípica arrancada de las páginas de la historia. Se advierte un sentimiento gozoso como corresponde a una colección distinta que trata de la hembra, del placer, del sexo. Aquí la pulsación lírica presta al vuelo de la sugerencia, salta frente a una realidad abrumadora convertida en metáfora desde el propio título: *estos versos son polvo de alas de una gran mariposa* [Pc.Ec. II, 207]. El verso fluye con la sencillez que es el amor, desde el intimismo cotidiano del hombre hasta hacerlo cercano y sugerente. Combina, a saber, tres elementos fundamentales de las relaciones humanas: eros (deseo sexual); filia (el amor fraterno); y ágape (el cuidado del otro); todos sobre la base del respeto mutuo. No ha de extrañar al lector que la clave del intitulado cuaderno *poémico*[5] vibre en el aforismo que versa: *los celos despiertan sierpes;/ los amores mariposas* (21, 182), entretejido a otros poemas de la misma colección.

Polvo de alas de una... no es poemario de transición o de arrebato juvenil, o simples referencias de posibles versos a futuro. El modo distinto con que ensaya la métrica,[6] el estilo, la entonación y la presentación de los temas (amor, erotismo, mujer, belleza, verso) respecto a los tres conocidos, lo ubica como conjunto legítimo y autónomo dentro de la circunstancia personal y la poesía martiana. Es otra aproximación al quehacer creador, distinto y no transicional, de vida y no de período, de oficio y no referencial. Quizás sea el que mejor recorre los periplos más convulsos de la vida íntima y pública del poeta que sentencia: *para la poesía:/ armonía —no artificio*. (21, 219)

Cuando muchas biografías y testimonios se toman libertades más allá del registro histórico, la persona humana tiende a quedar atrás con sus vivencias más reales sin importar la documentación propia. Conforme a esto, se está ante un signo claro del extravío esencial de la misma obra que llega a reducirse exclusivamente a una especie de referencia cultural, de la que solo se conoce el nombre del autor y algunas de sus frases. Pareciera como si Martí solo pudiera hablar de amores platónicos y no de sexo, de mujeres biografiadas entre su papelería, y no de eros. Obvia el biógrafo que:

> Lo que se tiene por lujuria no es muchas veces más que el horror a la soledad, la necesidad de la

---

[5] Poémico: neologismo relativo a la poesía. Martí al referirse a Olegario Andrade, el poeta joven bonaerense, especifica que *hace cantos poémicos, y hará poemas* (8, 167). El 19 de mayo de 1882, a la muerte de Emerson, escribe un extenso artículo refiriéndose a su obra como *suyos son los únicos versos poémicos que consagran la lucha magna de esta tierra* (13, 30). Y en su correspondencia a *La Nación*, en febrero 2 de 1887, bajo el acápite Un mes de vida norteamericana, dice al resumir el mes de enero del corriente: *...acaso los únicos sucesos amables fueron la sesión pública de la excelente escuela de indios de Carlyle, en que se están fundiendo las dos civilizaciones con cierto color poémico*. (11, 153)

[6] Cfr. ÁLVAREZ, L. E. (1989). Pro captu lectoris... 42-69, en *Patria*. Cuaderno de la Cátedra Martiana, en referencia a la estrofa, métrica y acentuación en *Polvo de alas de una...*

> belleza. De lo feo del mundo se busca alivio en la mujer, que es en el mundo la forma más concreta y amable de lo hermoso. Y el pensamiento desolado, por conservar su dignidad y justicia, acude a una distracción nueva y violenta, que le cambie el rumbo y lo salve del encono. (22, 280)

La fémina encarna el placer socorrido y casual. No implica esto, sin embargo, mella de carácter ni defecto moral en un hombre que gusta de la hembra, de su cortejo a condición de ser humano y terrenal:

> Ni amante ni amada han de dejar que la falta de frecuencia de mutuas solicitudes, reveladoras de constantes pensamientos —haga sentir la necesidad al alma siempre ardiente del alimento de que vive, y la empujan a buscarlo, o la proponen para aceptarlo, si los azares de la vida se la ofrecen. (21, 130)

A la sazón, el 24 de abril de 1880, al hablar de prejuicios sociales, comenta a Miguel Viondi sobre *El concepto de la vida*,[7] un libro que proyecta escribir:

> La tierra es hoy una vasta morada de disfrazados. Se viene a la tierra como cera, —y el azar nos vacía en moldes prehechos. —Las convenciones creadas deforman la existencia verdadera, —y la

---

[7] Cfr. Carta a Miguel Viondi, con fecha 24 de abril de 1880, en la que dice:

> Tengo proyectado escribir, para cuando me vaya sintiendo escaso de vida, un libro que así ha de llamarse: El concepto de la vida. Examinaré en él esa vida falsa que las convenciones humanas ponen en frente a nuestra verdadera naturaleza, torciéndola y afeándola, —y ese cortejo de ansias y pasiones, vientos del alma. —Digo esto porque me preparaba ya escribirlo. —Pero puede ser que la alegría que el resultado de labores de más activo género ha de causarme, y me causa, —y esa sabia casualidad que le hace a uno vivir hasta que deja de ser capitalmente útil, me llenen de aire nuevo los pulmones y me limpien las venas obstruidas de mi corazón. (20, 284)

> verdadera vida viene a ser como corriente silenciosa que corre dentro de la existencia aparente, como por debajo de ella, no sentida a las veces por el mismo en quien hace su obra sigilosa.
>
> (18, 290)

Martí es consciente del dinamismo de este fenómeno. Sabe que, aunque crea en solitario, no vive en aislamiento. De ahí su continuada recolocación entre la vida social y la privada, quizás, para evitar que se mire al hombre y no a la obra. En sus propias palabras, define que *no hay vida más amarga, tornadiza, y escasa en resultados, que la vida pública.* (21, 166)

Son polvo...

En el caso de *Polvo de alas de una gran mariposa*, junto a la intitulada *La pena como un guardián* según la socorrida nota editorial de *José Martí. Poesía Completa. Edición Crítica* (1993), sucede *en tono menor, una situación análoga a la de Versos libres: existe un índice manuscrito, pero son muchos más los versos estilísticamente correspondientes a ese título. Siguiendo en este caso la pauta editorial de Gonzalo de Quesada y Miranda, aparece a continuación la serie titulada La pena como un guardián, a la que se añaden estrofas dispersas, del mismo estilo.* [Pc.Ec. I, 9]

Agréguese a este comentario la existencia de otros poemas dispersos, manuscritos y mecanuscritos, versos tachados y hasta reescritos por Martí entre sus *Cuadernos de apuntes*, e incluso, algún poema no incluido en un principio, como es [Que mis versos vuelan], de la serie *La pena como un guardián* de la que tampoco existe índice ni fecha como suele ocurrir en la mayor parte de la poesía martiana. Quizá ello obedezca a que la tal serie no existe como grupo independiente, sino como textos trabajados por Martí, únicos e inherentes al *corpus* poético de *Polvo de alas de una...* Lo corrobora el hecho de que aun la textología martiana, y sus albaceas, no encuentran una ubicación u orden definitivo, sea en *Obras completas* o en la estructura de las ediciones críticas de poesía, que a veces han seguido solo referencias que carecen del manuscrito original.

A tal efecto, por ejemplo, la cuarteta de cierre de *La pena como un guardián*: [De mis versos ¿qué me queda?], fue erróneamente incluida por Gonzalo de Quesada y Miranda, quien desconocía, en su momento, que integra (como variante) una décima (de once versos) dedicada, *a la joven Isabel Esperanza Betancourt, hermana de Emma Betancourt, la esposa de Ignacio Ernesto Agramonte (hijo)*.[8] Se trata de un extenso poema de cinco décimas, de las que sólo cito la segunda:

---

[8] Cfr. Li Cabrera, A. Visitación del azar: versos inéditos de José Martí.

José Raúl Vidal

> *De mi vida ¿qué me queda?*
> *No he de decirte quien soy:*
> *¡Nadie lo sabe! Yo voy*
> *Como ola ardiente que rueda*
> *A vientos torvos, remeda*
> *Ruidos de edades futuras,*
> *En silencio a las alturas*
> *Encúmbrase, y desmayada*
> *Del bravo intento desciende,*
> *Y gime, y te ve, y se tiende*
> *Dormida en tus plantas puras.*[9]

Sobre el particular, apunta Axel Li Cabrera:

> Todo indica que (Quesada y Miranda) nunca llegó a ver personalmente el álbum de Isabel Esperanza y, que solo recibió una copia del poema, que le enviara el hijo de Isabel. ¿Y por qué Mario Betancourt y Betancourt y no su madre? Precisamente, porque en ninguna de las anteriores ediciones de las *Obras completas* este poema aparece publicado —por ejemplo, en las de las Editoriales Trópico y Lex— e Isabel falleció en 1949. Para la realización de las actuales *Obras completas* se hicieron varios pedidos para quienes aún conservaban algo en prosa o en verso de Martí, y fue así, como —al parecer— Mario Betancourt le envió una copia del poema a Gonzalo de Quesada y Miranda sin la décima inédita; porque si este hubiese conocido el original, lo habría publicado completamente, a pesar de que la anterior décima tuviese once versos —consecuencia, obviamente, de un error

---

[9] Ver en Apéndice X poema completo dedicado a Isabel Esperanza Betancourt que incluye la variante de la cuarteta [De mis versos ¿qué me queda?] El texto fue hallado y publicado íntegramente por Axel Li Cabrera según se cita.

cometido por Martí—, los que no menguan su valor poético. (Li Cabrera, A. *Visitación del azar...*)

Semejante clarificación es puntual. Este tipo de evidencia revela que la lectura separada y posterior adición de los versos comentados es artificial. Agréguese también que lo considerado, de modo impreciso, por la actual (Oc.Ec. 15, 20), como *versos ininteligibles escritos con lápiz, al dorso de la hoja* de [Hay en cielo...],[10] es precisamente el boceto de los 14 primeros versos del poema a Isabel Esperanza Betancourt, según refiere Li Cabrera, A. en *Visitación del azar...* en 1999. El poema aparece incompleto en (Oc. 1975), e íntegro —aunque plagado de erratas—, en Oc.Ec. (2007), con una nota de remate que reza: *[Ms. en Fondo documental museable del Museo Ignacio Agramonte, Camagüey]*. (Oc.Ec. 15, 218)

Se trata de uno de varios ejemplos, apenas reseñados, que puede servir de estímulo para encarar temas de exégesis, o en especial textológicos, más complejos e importantes.

En cuanto al índice manuscrito por Martí, dentro de la sección Fragmentos y Poemas en elaboración, de las *Obras completas*, publicadas en 1975, se especifica que:

> Bajo el título *Polvo de alas de mariposa*, se reproduce ahora, como dato curioso, una *hoja índice hecha por Martí*, en que aparece al margen esta frase: *Estos versos son polvo de alas de una gran mariposa*. Salvo algunas excepciones, se han podido encontrar y descifrar estos versos e incluirlos en este volumen, así como otros que

---

[10] Al decir de Carlos Ripoll, cabe mencionar que aún se sigue indicando al pie de la página, cuando no se puede leer alguna palabra o pasaje de un manuscrito de Martí, el vocablo «ininteligible», en vez de «ilegible», *lo que constituye una inexactitud, pues lo primero significa que no se puede entender el significado, y el caso aquí es que no se puede leer la letra.* (Ripoll C. *José Martí: notas y...* 179)

también parecen corresponder a ese grupo (17, 301-02). (El subrayado es del autor)[11]

Resulta atinado anotar, sin embargo, que la referida *hoja índice hecha por Martí* es, cuando más un boceto sin carácter definitivo, debido a los cambios que él mismo realizó sobre ella.[12]
Martí tiene un alto criterio de la privacidad en relación con sus deseos y experiencias personales; sin embargo, el hecho de no mencionar a *Polvo de alas de una…* en la carta testamento-literario, del primero de abril de 1895, no descalifica este poemario como para echarlo al olvido por más de una centuria, quizás por el tratamiento de *tono menor* que maneja la *Edición Crítica. Poesía Completa*.

Las razones de Martí pudieran ser comprensibles, aunque tienten a la especulación. No así las de Gonzalo de Quesada y Aróstegui que no lo publica en las *Obras del Maestro* (1913) ni de los criterios selectivos de publicaciones subsiguientes que no manejan el poemario como unidad autónoma dentro del cuerpo lírico martiano. Creo en este punto que ya no pertenecía a Martí sino de la literatura cubana, y más aún, a quien lo lee. Si además se considera la obra como un continuo oficio y se constata en ella como tanto se dice, la reiterada experimentación del lenguaje, sea en el terreno crítico o creativo, se tendrá entonces un buen argumento para autenticar el valor excepcional de *Polvo de alas de una gran mariposa*, en cuanto a tono, estilo, tema, metáforas, símbolos e imágenes, como el último poemario de José Martí, condición que no reúnen los poemas de juventud, ni los escritos en España, México, Guatemala, y menos aún, su poesía de la emigración o la circunstancial, e incluso, sus cartas rimadas. Si bien hay lirismo hasta en la nota o recado más simple, sin dudas,

---

[11] En el margen izquierdo del índice manuscrito se lee: *polvo de alas de una gran mariposa*. Según la nota editorial que aparece en [Pc.Ec. II, 207], *las palabras que anteceden en Oc. Estos versos son, no aparecen por estar cortada la hoja*.

[12] Cfr. Sobre los índices del poemario y otros aspectos estructurales, Polvo de alas de mariposa: versos martianos, Ocampo, L. (2014). htt://www.josemarti.cu/wp-content/uploads/2014/06/polvo_de_alas_de_mariposa.pdf

toda la poesía dispersa queda mejor iluminada a partir de sus cuatro cartapacios poémicos: los conocidos y los no publicados.

No es hasta la publicación de las *Obras Completas de Martí*, con el sello editorial Trópico (entre 1936 y 1949) que Gonzalo de Quesada y Miranda, saca a la luz una serie de poemas bajo el título *Polvo de alas de mariposa*, compilados a partir de una lista de versos esbozados por Martí en cuyo margen aparece la frase de su puño y letra: *estos versos son polvo de alas de una gran mariposa*. Al compilador le pareció oportuno parafrasear la misma idea para titular el nuevo grupo de versos como *Polvo de alas de mariposa*, al que agrega indebidamente un segundo manojo de poemas *La pena como un guardián*, también nombrados, como independiente, por él mismo a partir del primer verso del poema que inicia esta segunda nueva serie que, por su forma, tono y estilo, se asemejan al primer grupo.

Sobre el particular, al decir de Emilio de Armas, Martí:

> Ni el título común con que aparecen dichos conjuntos, ni los respectivos títulos de ambas secciones, fueron establecidos por su autor, quien dejó inéditos los manuscritos de estos poemas, junto con los de sus extraordinarios Versos libres, entre la profusa papelería que encomendó al cuidado de su discípulo Gonzalo de Quesada y Aróstegui en una carta escrita el 1ro de abril de 1895 [...] Pero los versos que después integrarían Polvo de alas de mariposa y La pena como un guardián no fueron mencionados por Martí en lo que se considera su carta-testamento literario a Quesada y Aróstegui, ni aparecerían en la primera edición de las Obras del Maestro, compiladas y publicadas por aquel, y en cuyo tomo XI (impreso en 1913) se dio a conocer una selección de los *Versos libres*. (de Armas, E. *José Martí. Polvo de alas de una...* 9)

y en otro momento, este autor señala que:

> La primera edición de los conjuntos Polvo de alas de mariposa y La pena como un guardián como un libro independiente apareció en 1994, y se debió al poeta y ensayista Luis Álvarez Álvarez, quien reprodujo allí el texto de ambas secciones presentado por la Edición Crítica de 1985. El editor señaló que dicha edición había sentado las bases para la labor de rescate del poemario, y subrayó el factor de que La pena como un guardián *era una serie esencialmente ligada a los perfiles estilísticos y temáticos* de Polvo de alas de mariposa. (de Armas, E. *José Martí. Polvo de alas de una...* 11-12)

La actual *Edición crítica* de poesía, que aparece en el tomo 15 de las *Obras completas*, publicada en el 2007, se aparta en esencia del enfoque y criterio editorial adoptado por los investigadores cubanos Cintio, Fina y Emilio de Armas, en 1985, y de Luis Álvarez Álvarez, en 1994, so pretexto *de reproducir exactamente lo que aparece en cada pliego, tal y como ha llegado a la actualidad, con una ordenación aleatoria, pues* (según esta nota editorial) *no es posible conocer cuál sería el orden propuesto por Martí, por el carácter de inacabado de la obra*.[13] Los editores indexan este manojo poético conforme lo heredan del archivo de Quesada y Aróstegui, quien nunca lo publicó en las *Obras del Maestro*, de 1913. Tal como lo presentan, dificultan el goce de su lectura y marginan su unidad como poemario. Me pregunto ¿qué ha cambiado a 94 años en esos textos? O mejor; ¿qué idea les ha guiado en su proceder? Las referencias al pie de páginas poco esclarecen y mucho confunden. Esta aproximación, otorga un formato distinto que exige otra relectura. Semánticamente, impacta el mundo comentado del conjunto tradicional como lo conocemos. También discrimina la conocida serie *La pena como un guardián*, que ubica aho-

---

[13] Ocampo L. : *Polvo de alas de una gran mariposa: versos martianos*. htt://www.josemarti.cu/wp-content/uploads/2014/06/polvo_de_alas_de_mariposa.pdf

ra en el tomo 16, bajo el acápite Poemas en hojas sueltas.

Lo cierto es que hoy existen varios *Polvo de alas de una...* con estructuras, unidades poéticas y enfoques editoriales desiguales; válidos quizá, en acercamientos que pueden generar disimiles experiencias de lecturas, según sea la mirada del lector, el crítico o el compilador. Cada *Polvo de alas de una...* ofrece —en su carácter polisémico— nuevas aristas investigativas, a partir de las unidades de significación que modelan la micro y macroestructura del poemario en cuestión. El sentido de los textos muta de una ordenación a otra, que discurren entre mezclas, supresiones y recetados cruces de textos. Habría que leer todas las propuestas: desde las ediciones críticas, las *Obras completas* —con sus pros y contras—, y cotejarlas con los manuscritos y mecanuscritos originales (tachaduras, añadidos, cambios), para precisar mejores conclusiones; o mejor: debería proveerse a la literatura cubana con una edición facsimilar que descontinue tantos riesgos inapropiados. La razón es clara: cuanto más se vaya al texto original; tanto menos leeremos elaboradas complicaciones. Encontrar en las fuentes primigenias, el verdadero sentido de interpretación, debe ser la prioridad del lector e investigador del texto martiano. La integridad de la lectura debe considerarse a partir de esta acción.

De modo operacional, nuestro acercamiento seguirá *la edición de Polvo de alas de una gran mariposa y La pena como un guardián, bajo el título común de Polvo de alas de una gran mariposa*, publicada por Emilio de Armas, con el sello editorial Emmanuel, Colección Entre Libros, del 2018. La decisión, lejos de los imprescindibles tecnicismos académicos, parte del carácter lúdico —como función esencial de la literatura—, y del formato de poemario tradicional, mejor expuesto en la mencionada edición. Como auténtico estuche de poemas, aquí el verso es producto de una relación de pensamientos, sugerencias e intensidades expresivas que median entre el poeta y su realidad; juntos crean una historia.[14] Y aunque se mantiene la variante de la

---

[14] La actual Edición crítica de poesía, que aparece en el tomo 15 de las *Obras completas*, publicada en el 2007, sirve como referencia para observar el trabajo o evolución del texto martiano, sus adiciones o anulaciones, pero no para el disfrute estético de la poesía, toda vez que no ofrece una lectura como corresponde a una colección poética.

cuarteta de cierre [De mis versos ¿qué me queda?] —por afinidad de tono y contenido semántico, y dado el presupuesto de que siempre ha estado allí—, no debe obviarse el hecho de que en verdad no pertenece al mismo, como ya se ha tratado.

Un hecho es claro: Martí no menciona ni titula *Polvo de alas de una...*; mucho menos *La pena como un guardián*, que aparece artificialmente separada por el numero romano II, en la edición de Álvarez, L. E. (1994). Pero *Versos libres* era una colección inacabada también, plagada por demás de *versos truncos, espacios en blanco, apuntes marginales, vocablos ilegibles, temas insólitos, poemas inacabados, o variantes de un mismo texto*;[15] a la que en su momento, de manera indebida, se le agregó la inexistente *Flores del destierro*. De hecho (y como dato curioso), ya bien entrado el siglo XX, a los Quesadas se suma una caterva de intelectuales que, a toda instancia autoritativa de interpretación, osan reorganizar poemas y colecciones, o peor aún, rectificar o sustituir vocablos y completarle versos al Maestro; tarea que aún no parece terminar.[16]

Si bien en la Carta testamento a Gonzalo —del 1 de abril de 1895—, Martí instruye sobre su obra: *y de versos podría hacer otro volumen: Ismaelillo, Versos Sencillos, y lo más cuidado o significativo de unos Versos Libres, que tiene Carmita. No me los mezcle a otras formas borrosas, y menos características* (20, 477); cabría preguntar entonces por simple curiosidad ¿cuáles son las *otras formas borrosas, y menos características*?, o para ser aún más retórico, ¿qué debía considerar Quesada y Aróstegui como *lo más cuidado o significativo* de *Versos libres* que apenas tiene un solo poema acabado en su totalidad: Yugo y Estrella? Al decir de Emilio de Armas:

---

[15] Vidal, J.R. *Los Versos libres de...* 32.

[16] Verbigracia: Juan Marinello, Hilario González, Iván A. Schulman, entre otros a cargo de los manuscritos en el curso de los años, hasta llegar a los extravíos de las actuales ediciones críticas de la poesía martiana, plagadas de defectos, erratas y falsas atribuciones de hallazgos de textos, como lo es el poema Envoi, adjudicado a Alfonso Herrera Franyuti. Cfr. Ripoll C. *Martí: un retrato...* 18-24.

> Es preciso destacar que, al indicar el criterio que debería regir la edición póstuma de estos poemas, pidió que se escogiera *lo más cuidado o significativo,* estableciendo, gracias a la conjugación disyuntiva que, significativamente, aparece en lugar de la copulativa, dos importantes planos de valor. Depurar, para Martí, no significaba únicamente escoger lo mejor desde el punto de vista formal, sino lo mejor y también lo más importante desde el punto de vista del significado. (de Armas, E. *Un deslinde...* 63-64)

Esta situación es válida en lo esencial de igual modo para los *Versos libres* y para *Polvo de alas de una...* aunque el formato métrico difiera de una colección a otra. Adviértase, además, que, a diferencia de *Versos libres*, en las series tradicionales de *Polvo de alas de una...* existen poemas de apertura y cierre (considerando las ediciones críticas de 1985, 1994 y 2018 respectivamente). La similitud de temas, metáforas y símbolos sobrevuelan ambos espacios poéticos. Para muestra, confróntese este apartado de Hierro, de *Versos libres*:

> *Ganado tengo el pan: hágase el verso,*
> *Y en su comercio dulce se ejercite*
> *La mano, que cual prófugo perdido*
> *Entre oscuras malezas, o quien lleva*
> *A rastra enorme peso, andaba a poco*
> *Sumas hilando y revolviendo cifras*

Al tema de estos endecasílabos correspondería el siguiente madrigal de *Polvo de alas de una...*:

> *Digo que cuando salto*
> *De un papel de comercio a un verso ardiente*
> *Que viene de lo alto*
> *Y me pasa rozando por la frente,*
> *No curo que imagine un alma fatua*
> *Que en ajeno taller forjo mi estatua.*

En este grupo de versos hay tres conceptos primordiales que operan a partir de la asociación metonímica del *pan*, el *papel* y el *verso*. En ese orden, son símbolos milenarios del alimento (pan), de la escritura (papel) y de la expresión íntima (verso). Esta trilogía, sin importar la diversidad de sus realizaciones poéticas, es unidad de símbolos de ofrenda y signos del ofrendante que resemantiza cada vocablo, según su experiencia de vida.

Ambas selecciones de versos aluden a lo que define como *los quehaceres apremiantes e inflexibles de un escritorio de comercio —refugio cariñoso del proscripto* [Pc.Ec. I, 223]. Asimismo, refiere en carta a Manuel Mercado del 11 de agosto de 1882 que escribe *apresuradamente* desde *mi mesa de empleado de comercio que es profesión nueva en que entro, por no dar en la vil de desterrado sin ocupación, y ayudar a la amarga de cultivador de letras españolas* (20, 65). Y al mes siguiente, el 14 de septiembre, subraya: *que vivo ahora de trabajos de comercio* (20, 66). Al parecer, Martí había aceptado la oferta de trabajo de *Lyon & Co.* con fecha New York. July 31st, 1882, que reza:

> Mr. José Martí
> Bklyn
> Sir.
>
> We have decided to give a trial in our office if aggregable to you, of one month, at the end of which if you suit us, we will make a permanent agreement.
> If you accept this arrangement, we shall expect to see you tomorrow morning. Your respectfully *Lyon & Co.*
> Hours from 9.am until the day's work is closed.
> (García Pascual, L. *Destinatario...* 104)

Los versos de Hierro citados datan de 1883, de sus días de contador en la *Carlos Carranzas & Co.*, a juzgar por la carta a Manuel Mercado del 30 de agosto de ese año, donde cita específicamente un verso. Allí comenta:

> En un libro de versos torvos, que no sé si sacaré a
> la luz, anda éste:
> Muero de soledad, de amor me muero. (20, 69)

No así los de *Polvo de alas de una...* según la oferta de trabajo de *Lyon & Co.* (July 31st, 1882) y la carta que dirige a Gabriel de Zéndegui, el 14 de octubre de 1882, que lleva el membrete de esa entidad comercial donde trabaja por breve tiempo.

El referido *salto/ de un papel de comercio a un verso ardiente,* opera para Martí en relación con su propia historia vital; de ahí los sintagmas *prófugos perdido, oscuras malezas, lleva a rastra enorme peso,* de Hierro, frente a la imagen *un alma fatua,* de Digo que cuando salto, que marcan el curso de los días neoyorquinos del poeta. Los versos se leen desde una interpretación semántica de contraposición que colocan toda atención frente al discernimiento de la realidad misma martiana (ante su mirada cargada de sinsentidos). Como lector o por simple sugerencia del verso, interpretar implica aquí ese "entrar en" o "estar entre" que reafirma tanto el carácter comunicativo y autocomunicativo de la poesía como su valor liberador. El vocablo *comercio* actualiza su sentido de trato y expansión de las relaciones humanas, mientras que los epítetos sinestésico *dulce* y *ardiente* exaltan la esencia del proceso creativo que se ofrenda. Se trata de una metáfora recurrente de la realidad no exterior sino íntima: *este comercio me es dulce* —dice (20, 63). Es así como en la estructura profunda del texto se articula el trigrama semántico *trabajo-vida-creación,* cuyo sema *sufrimiento* está asociado a cada uno de esos actos en cuestión. Se comprenderá entonces, que el *alma fatua* es aquí la mejor imagen del poeta que trabaja y crea desde un espacio que, aunque vital, metaforiza como *ajeno taller.* Ambos sustantivos (*fatua* y *ajeno*) sintetizan la sensación de vacío junto a la falta de pertenencia, donde la participación es presupuesto del verso.

Corrobora lo dicho, este apunte de 1881, curiosamente escrito en tinta violeta: el color de la templanza y la lucidez reflexiva; el pigmento de igual porción de rojo y azul que representa, en muchas culturas, el ciclo de la renovación continuada; el perpetuo recomienzo del día a día. La tradición lo trata como lo intermedio entre tierra y cielo, pasión y razón, amor y sabiduría:

El trabajo me pone alas.
A otros embriaga el vino; a mí el exceso de trabajo.
Del vino espuma, del exceso de trabajo, poesía.
(21,160)

Nótese que el *trabajo*, lejos de ser obstáculo para la creación, deviene en fuente vivencial de inspiración; genera *alas* y *poesía*. Martí era poeta de todas horas. De hecho, del poema Hierro citado, existe otra versión bajo el título Hora de vuelo. [Pc.Ec. I, 183]

Todo indica, por otra parte, que trabaja en distintas colecciones, de diferentes maneras y al mismo tiempo durante toda la década de 1880, e incluso, aunque no es concluyente el fechaje que se atribuye a algunos textos en ediciones de las *Obras completas*, hay presencia de versos pertenecientes a *Polvo de alas de una...* en el *Cuaderno de apuntes 18*[17] que data de 1894. A modo de ejemplo, tenemos este epigrama con un marcado sarcasmo que bien pudiera totalizar el espacio público y personal de sus últimos años:

Todo se va muriendo
A mi alrededor:
¿Es que se muere todo
O es que me muero yo?

Como sea, esta referencia traspapelada o no confirma el estatus de inacabado del poemario y el continuo volver sobre el mismo en el curso de los años. Obsérvese que justo antes de estos versos aparece la siguiente afirmación:

---

[17] En este *Cuaderno de apuntes 18* también aparece un borrador del poema XXIII de *Versos sencillos*, que ya había sido publicado en agosto de 1891. La nota editorial de [Pc.Ec. I, 9], especifica que:

> Se mantiene el orden de los poemas incluidos en los cuadernos de apuntes, pero sin dar crédito a todas las fechas que se les atribuyen en las *Obras Completas* anteriores, especialmente en el caso de los cuadernos 17 y 18, situado el primero de 1892 a 1894, y el segundo en 1894, ya que en el segundo aparece un borrador del poema XXIII de *Versos sencillos*, libro publicado en 1891.

> No hay verdad moral que no quede expresada, como la mejor de las comparaciones poéticas, con un hecho físico. (21, 396)

Poética doblemente materializada, como hecho una vez, como verso otra. A este respecto, la *poiesis* no es simple goce deególatra sino síntesis de un instante que permanece en la palabra y se desea semantizar. De acuerdo con esta concepción, el relato poético restituye una sucesión de actos vivenciados; pero es necesario que el relato no diga todo; máxime tratándose del género lírico donde rige la sugerencia.

A manos del propio autor se entrega esta nota que aparece entre los apuntes de Otros Fragmentos, en *Obras completas*. Quizás, es una de las que mejor pudiera adecuarse a la naturaleza genésica y confesional de *Polvo de alas de una...*:

> Después de todos los dolores de la vida—qué asombro causa verla reducida a unas cuantas verdades, —y cómo—después de enmarañados sucesos, cuya significación aislada entendemos absolutamente—vemos salir lenta y confusamente sencillas verdades. (22, 311)

El fragmento muy bien pudiera considerarse como una referencia sutilísima a la retahíla de imágenes que conforman *Polvo de alas de una...* aun cuando no se precise su fecha.

Otra singular confesión discurre como sigue entre sus apuntes más íntimos:

> Siendo tiernos, elaboramos la ternura que hemos de gozar nosotros. —Y sin pan se vive: —sin amor— ¡no! —No ha de desperdiciarse ocasión alguna de consolar toda tristeza, de acariciar la frente mustia, de encender la mirada lánguida, de estrechar una mano caliente de amor. (21, 130)

Polvo de alas de una... es un conjunto poemático lleno de provocaciones literarias e intimismos que rompe con estereotipos de academias en el modo de escribir poesía: arriesgado y atrevido. Cada texto es un acontecimiento que forma parte de la naturaleza creativa, social y personal de lo que dice: *es literatura caliente*, y por demás, una reflexión sobre la compleja mediocridad literaria del momento que le permite conceptualizar un método de crítica literaria diseminado por entre su papelería hasta ahora conocida. Especialmente por la siguiente nota del *Cuaderno de apuntes 18* que data de 1894:

> En América rimamos ideas, más que sentimientos. Se olvida que la poesía, y el arte todo, está en la emoción, en la emoción suprema e inesperada, por donde, en una hora propicia, culmina todo un orden de emociones semejantes, y hasta entonces como parciales e insuficientes. (21, 432)

Para Martí la variación de la forma y el objeto de recepción son elegidos con cautela a la hora de verter sobre el papel las totalidades de angustias y silencios de su mundo interior. Por ejemplo: *a cada estado del alma, un metro diverso, que de ella brota naturalmente* (22, 307). Sabe que la *poesía no ha de perseguirse. Ella ha de perseguir al poeta* (21, 168). A este criterio, corresponde el principio de la espontaneidad y sinceridad como parte del proceso creativo martiano.

Se trata de formulaciones que sobrevuelan por entero el quehacer lírico del bardo. En uno de los Fragmentos, escritos al parecer hacia 1885, define que: *no hay poesía descriptiva y parafrástica. Poesía íntima: no más poesía verbosa, sino animosa. Es necesario que la poesía deje de ser verbosa y empiece a ser animosa.* (22, 310)

Concepción mejor definida en poética propia:

> *Al compás de los versos de Méleo*
> *Se baila y se goza:*
> *Al compás de los versos de Flámeo*

Se sufre y se llora:
Rompe, Flámeo, la copa cinérea:
Hinche, Méleo, la copa sonora!

Los neologismos *Méleo* y *Flámeo* parecen de pronto meras referencias a poetas latinos clásicos si se leen de prisa. Tal es, que las [Oc.Ec. 16, 289 y 293] los somete a la criba del Índice de nombres, como *Mencionado*(s) *en [Polvo de alas de una gran mariposa]*. Quizá, por similitud fonética, se da por descontado que son nombres acuñados por el tiempo cultural e histórico. Pero nada más apartado de esa asunción nominal. El primero (*Méleo*) es creado a partir del verbo *melear*, término popular en varias regiones de América que designa recoger la miel en los panales. Con *Méleo*, Martí sintetiza lo que tiene por *esos poemas de aguamiel, poemitas de cerebros tullidos, inflados, estúpidos, compuestos, pujados, barnizados, que la gente común admira* (21, 461). Habla del verso agradable al oído que llega con pretensiones de exquisitez poética sin poseerla, pero bailable y gozoso; del texto de mera resonancia artificiosa como ocurre al frotarse el borde de la *copa sonora*. En contraste, con *Flámeo*, el verso participa, a condición de llama espiritual, como impulso iluminante en el hombre y la sociedad. Aquí es sustantivo, y no el adjetivo poético *que participa de la condición de la llama*, según define la Real Academia Española. *Flámeo*, es el poeta imaginario como concepto creativo y evocador; hacedor del verso desgarrador unas veces, jubiloso otras, siempre desenfadados sobre formatos inusuales. Refiere a la imagen del fuego como la fugacidad y mutación que reconfigura de continuo la complejidad del mundo íntimo del poeta en toda su magnitud. Pero va más allá: *rompe, Flámeo*, anuncia una transformación no exenta de novedad. Ante la autoría martiana, el proceso creador pierde toda carga retórica y académica, motivada por una renovación ingente que el poeta exige para la lírica hispanoamericana, limitada entre los moldes de una *copa cinérea*, una *copa* gris, cenicienta y, por tanto, descolorida e inerte como corresponde a la ceniza. Considera, asimismo, como premisa del laboreo creador, que el pensamiento *no da idea de sí hasta que no está expresado* (6, 361), o para ser más preciso: *la poesía ha de estar en el pensamiento y en la forma.* (21, 411)

Grosso modo, en lo mínimo la palabra exacta. Esa depuración expresiva se advierte en el decenio de 1880 a través de enunciados teóricos específicos tales como que: *el lenguaje ha de ser matemático, geométrico, escultórico. La idea ha de encajar exactamente en la frase, tan exactamente que no pueda quitarse nada de la frase sin quitar eso mismo de la idea* (21, 255). Este importantísimo enunciado se depura con los años hasta coincidir con su apreciación de *Preludios*, de Rafael de Castro Palomino, escrita en 1893, aplicable también a *Polvo de alas de una...* en la manera de que *son breves las composiciones, como la verdad poética, que es como el rayo o la mariposa* (5, 211).

Quiebros desusados y asonantes raros

En el *Cuaderno de apuntes 6*, ubicado entre los años 1881 y 1882, seguido de los poemas El hierro, amigo mío y [Esa rosa que me das], está lo que parece ser un intento de prólogo que confirma la génesis temprana del poemario:

> Hay en estos versos, quiebros desusados y asonantes raros. —Son voluntarios. En el sentir que añaden a la expresión y en el anhelo de ser fiel a la verdad, han sido escritos. Es la literatura *caliente*. (21, 187)

Un comentario definidor e instructivo que encuentra amplios resonadores en el proemio a *Versos libres*:

> Hallé quebrantadas las vestiduras, y otras no, y usé de estos colores. Ya sé que no son usados. Amo las sonoridades difíciles y la sinceridad, aunque pueda parecer brutal. [Pc.Ec. I, 57]

Martí es su mejor crítico al postular el carácter experimental del poemario. Experimental porque retoza con la métrica, y *fiel*, por la sinceridad que le atribuye. Ansía rehacer el modo de escribir poesía: *son voluntarios*. Y en esa voluntad, distingue la honestidad de su verso. Habla de *quiebros desusados y asonantes raros*, para referirse al madrigal, la pavana y el epigrama; estructuras líricas del renacimiento que retoma y refresca con densidades semánticas diferentes. Como *Versos libres*, *Polvo de alas de una...* también discurre desde el definitivo: *ya sé que no son usados*, que entraña cuanto de ensayo involucran *las sonoridades difíciles* de su versificación. Ejercer el verso, no reside en discriminar formas estróficas conocidas, sino en la invención donde lo viejo converge con lo nuevo para distinguir su exclusividad y restituir la vitalidad de la poesía en lengua hispana. Este ejercicio renovador parte de la premisa que define: *con las zonas se cambia de atmósfera, y con los asuntos de lenguaje* (7, 212). Se habla aquí de símbolo, color y música e incluso de acentuación y temática, que invisten la creación poética martiana de un carácter muy refrescante y libérrimo, que luego será notable en el modernismo, y aun, en la poesía subsiguiente. En este sentido, *Polvo de alas de una...* obedece a la necesidad de un decir poético sin la rigidez del dictamen académico. Martí insiste en la función liberadora de su pronunciamiento: *hay que vindicar: poesía es esencia. La forma le añade, más no podría constituirla* (21, 175). Él mismo, al abordar el tema en carta a Bartolomé Mitre y Vedia, confiesa: *es mal mío no poder concebir nada en retazos, y querer cargar de esencia los pequeños moldes.*[18] Ciertamente, es a la vez apasionante y fecundo aproximarse a esta lectura innovadora y hasta desafiante para su época.

La declaración del supuesto prólogo bastaría para acuñar la legitimidad e intimismo de *Polvo de alas de una...*; sin embargo, la mera mención de los poemas El hierro, amigo mío y [Esa rosa que me das] que lo anteceden, no es suficiente para aquilatar ese *anhelo de ser fiel a la verdad* en cuanto a camino vital y laboreo poético corresponde. Hay que citarlos aquí:

> *El hierro, amigo mío,*
> *Se funde así; y el bondadoso herrero*
> *Me iba a decir, junto a su yunque erguido,*
> *Cómo se funde el hierro.*
> *Y yo, que lloré tanto*
> *Ayer, posé en el yunque*
> *Mi mano ya insegura, y dije al hombre:*
> *¡Yo sé cómo se funde!*

---

[18] Cfr. Carta a Bartolomé Mitre y Vedia, Nueva York, 19 de diciembre de [1882]. Allí Martí enfatiza: *siento que escribo para gentes que ha de amarme, y cuando puedo, en pequeñas obras sucesivas, ir contorneando insensiblemente en lo exterior la obra previa hecha ya en mí.* (9, 16)

A continuación, aparece la fecha *30 de octubre* seguida de los versos:

> *Esa rosa que me das*
> *De tu rosal es la flor,*
> *Y estos versos que yo exhalo*
> *Son la flor de mi dolor.*

El poema El hierro, amigo mío encuentra su par temático en el epifonema final de Hierro, de *Versos libres*, ligado al quehacer de la fragua: *fecunda el hierro al llano, el golpe al hierro!* [Pc.Ec, I, 69]. El contenido semántico de este verso totaliza el esfuerzo del poeta para andar su camino de vida. Nótese cómo cada vocablo es escogido con precisión: forja *el golpe* (el trabajo) *al hierro* (el instrumento), y éste *al llano* (a la tierra). Con *fecunda* se enriquece (el hombre) el *hierro* a través del trabajo y también del sufrimiento (*el golpe*). En consecuencia, ese hombre se vierte al mundo, a la vida (*al llano*). El *hierro* asociado al *yunque* simboliza todo el esfuerzo y fatiga de donde han de salir las obras del *herrero*: expresión simbólica de la realidad vivida, de la lucha. Tal es la afirmación *el hierro, amigo mío, ¡se funde así* y la singularidad del martillado *¡yo sé cómo se funde!* que enmarcan los versos. Ambas declaraciones implican un conocimiento adquirido de vida. Hay que precisar a propósito, que la base del símbolo *hierro* contiene todos los conocimientos de cualquier orden según su tradición milenaria. En el caso de Martí desempeña un gran papel en tanto obra personal y social: él es su propio *yunque* y *bondadoso herrero*. Entiéndase, posar *la mano* sobre *el yunque*, aun de modo *insegura*, es regar la tierra como sacrificio indeleble de fundación:

> *Mis versos,*
> *Cual su hierro el herrero sobre el yunque,*
> *Sobre mi propio corazón los fraguo.*
> *Y cada verso se estremece y vibra*
> *Como al clavarse en la lejana meta*
> *La barra que el euskaro fuerte lanza.*
>   [Pc.Ec. II, 321]

Sin dar crédito a la fecha de estos versos hallados entre los Fragmentos que amplían los *Cuadernos de apuntes*, la imagen de la tríada *hierro, herrero, yunque*, y el singular *fraguo*, condensan la idea asociada al dolor que Martí vierte sobre su poética general durante la década de 1880. Expresan un orden personal, intelectual y espiritual como síntesis del ser vivo y su totalidad; a saber: en el dominio ético, el primero corresponde al espíritu, el segundo a la persona y el tercero al cuerpo. La realización de *fundir* adquiere entonces un valor simbólico para connotar la común-unión de la persona humana, su obra y vida; particularmente, su vida espiritual. Sabe el poeta que, en el proceso de fundir, toda sustancia muere para renacer en forma sublimada. En este sentido, la imagen de la fundición es una constante de su pensamiento y corresponde a lo que tiene por crisol interior: *sobre mi propio corazón los fraguo*; espacio, donde a modo de hornillo, llega a forjar todo su quehacer creador y personal al ritmo de lo necesario y lo contingente.

Resulta curioso además que justo antes de poemas El hierro, amigo mío y Esa rosa que me das, citados arriba, se lee esta observación que define el modo de hacer poesía, diseminada por entre toda su papelería conocida:[19] *necesito ver antes lo que he de escribir. Me creo, estudio, reconstruyo en mí los colores y el aspecto de que tengo que pintar.* (21, 186.)

Su concepción poética es tal, que en la tan manoseada carta-testamento literario —justo al término de su vida— comenta: *¿qué habré escrito sin sangrar, ni pintado sin haberlo visto antes con mis*

---

[19] Cfr. El carácter de la Revista Venezolana. Allí Martí expone uno de sus postulados estéticos a través del cual subraya el talante auténtico que debe regir a todo escritor:
Está además cada época en el lenguaje en que ella hablaba como en los hechos que en ella acontecieron, y ni debe poner mano en una época quien no la conozca como a cosa propia, ni conociéndola de esta manera es dable esquivar el encanto y unidad artística que lleva a decir las cosas en el que fue su natural lenguaje. Este es el color, y el ambiente, y la gracia, y la riqueza del estilo. No se ha de pintar cielo de Egipto con brumas de Londres; ni el verdor juvenil de nuestros valles con aquel verde pálido de Arcadia, o verde lúgubre de Erin. La frase tiene sus lujos, […] y es fuerza que se abra paso esta verdad acerca del estilo: el escritor ha de pintar, como el pintor. No hay razón para que el uno use de diversos colores, y no el otro. Con las zonas se cambia de atmósfera, y con los asuntos de lenguaje. (7, 211-12)

ojos? (20, 477). La base del sistema de símbolos, metáforas y figuras es concebida desde un principio definitorio: *la poesía vio antes: se anticipó en verso.* Esta es una máxima de la poética martiana.

Conviene considerar la acción de *ver antes* en su función de principio creador a partir de la recepción física y espiritual del contexto.[20] La resolución de esta dualidad define las *visiones*[21] y colores luego realizados, sintetizados o sugeridos en versos:

> *Oigo el fuego silbando, y me parece*
> *Que del negro carbón un alma surge*
> *Que con alas tendidas a mí viene:*
> *Que lo vi, yo lo vi: —diga si es bueno*
> *O no, cualquier bedel docto en prosodia.*

Resuena aquí su destilado discernimiento: *pasa en poesía como en pintura: se debe copiar del natural, y no hacer las figuras de memoria.* (21, 176)

El creador concibe que *ver* unifica todo proceso de pensamiento *antes* de ser vertido al exterior en cualquier género de escritura. Es una constante de la espiritualidad martiana; principio y manifestación que desarrolla toda la simbólica de una fecundidad poética exclusiva. La necesidad de *ver antes* reviste carácter de integridad y armonía y, por tanto, es la base fundacional de una *poíesis* soberana. También se advierte la relación entre hombre, lenguaje y contexto como base del sistema poético. Un complemento de este *ver antes* es la creencia de que, a medida que las cosas se visualizan, eligen signos lingüísticos y símbolos específicos para su expresión. La naturaleza de esta especificidad parte de la relación pensamiento/ lenguaje/ realidad y del deseo preciso de querer *fotografiar el pensamiento* (21, 385). En este sentido, cada verso no hace más que

---

[20] Sobre el particular, Emilio de Armas comenta que:
La imagen del poeta como visionario, e incluso como vidente, recorre la cultura universal casi como una constante. El romanticismo la había revitalizado en grado sumo, y los poetas franceses contemporáneos de Martí habían hecho de ella un dogma refinado y exigente. (de Armas, E. Génesis y alcance de... 100)

[21] [Pc.Ec. I, 57].

explicitar el precedente sentado: *me creo, estudio, reconstruyo en mí los colores* y *el aspecto de lo que tengo que pintar* (21, 186). El mundo del poeta es el mundo de sus *visiones* [Pc.Ec. I, 57]:

> —ve de pronto el caminante atribulado, esas mariposas de luz que serpean como estrellas caídas que aún palpitan— por entre las raíces y los tallos, y truecan en hojas verdes y resplandecientes las hojas antes negras y sombrías! (21, 330)

Meras notas

Frente a todo esto, si el intento de prólogo que aparece en el *Cuaderno de apuntes 6* corresponde a 1881, entonces *Polvo de alas de una*... no debería ser considerado categóricamente en la instrucción de Martí a Quesada y Aróstegui que subraya la carta-testamento donde establece que: versos míos, no publique ninguno antes de Ismaelillo: ninguno vale un ápice. Los de después, al fin, ya son unos y sinceros (20, 477).

La recepción de este apunte ha sido considerada *ad litteram*, olvidando cualquier acercamiento a método histórico-crítico alguno. Se tratan de oraciones escritas aparte dentro del cuerpo de la carta. En principio, el criterio soberano se ejerce desde el ámbito de la estética y la humidad del poeta relacionado con su juicio de gusto y utilidad. Ahora bien, tal como se presenta la segunda oración, pudiera parecer mera referencia a poemarios conocidos en su pura literalidad sobre todo por el vocablo *sinceros*. Pero también el plural del artículo neutro *los* se referiría a los versos desconocidos, toda vez que caben en la frase *los de después*, y, *al fin, ya son unos,* para establecer que *ya* han sido experimentados y escritos. La tan manoseada instrucción ha sido inequívocamente asociada a conjuntos poemáticos específicos, tal vez considerando que dos párrafos arriba Martí solo alude por su nombre a las colecciones hasta hoy conocidas: *Ismaelillo, Versos Sencillos, y lo más cuidado o significativo de unos Versos Libres, que tiene Carmita*. (20, 477)

Sin embargo, una lectura simultánea de *Ismaelillo* pudiera permitir asomarse a la gestación de *Polvo de alas de una*... a pesar de que el autor instruye no publicar versos suyos *antes* del mismo. No puede llegarse al uno sin pasar por el otro, mucho menos discriminar *Polvo de alas de una*... entre las *formas borrosas, y menos características* de la poética martiana.

Valdría anotar, de paso, que bajo las frases *formas borrosas, menos características* y *ninguno antes del Ismaelillo*, pudieran incluirse íntegros los versos de juventud, los escritos en España, México, Guatemala, los circunstanciales, las cartas rimadas, las dedicatorias, etc., y restar toda la iluminación que *los de después* han extendido sobre ellos, resaltando valores complementarios o alternantes de una maduración poética notable. Deben percibirse, según el propio Martí, sin refracción, es decir, sin intermediarios deformantes. La instrucción a Gonzalo es precisa: *ni ordene los papeles, ni saque de ellos literatura; todo está muerto, y no hay aquí nada digno de publicación, en prosa ni en verso: son meras notas* (20, 476). Esta autognosis creativa advierte que solo Martí puede desdeñar a Martí; no los desvaríos de una crítica que a veces dice, y otras veces se contradice. En especial cuando el repertorio lexicográfico —imágenes, símbolos, figuras y metáforas— es particularmente rico, lo mismo *antes* que *después*.

A juzgar por los apuntes de los *cuadernos* 4, 5 y 6 escritos entre 1880 y 1881, junto al epistolario hasta 1885, no deja de sorprender la suficiencia de indicios que muestran el proceso de gestación de versos e imágenes distintos al espíritu de *Ismaelillo* (1882). Las *visiones* y tropos son múltiples e integradores en disímiles tópicos que recorren el ciclo vital del poeta (hijo, vida, muerte, amor, exilio, trabajo, naturaleza, ciudad, patria y verso) en el cual *cada inspiración trae su lenguaje* [Pc.Ec. I, 57] cifrado en acentos y métricas de modos singularísimos. El comienzo de la década de 1880 es crucial en términos de ensayo, teoría y creación; en específico:

> 1881 es un año clave en la experiencia literaria de Martí, señalado por textos como *El centenario de Calderón* y, muy especialmente, *El carácter de la Revista Venezolana*, verdadero manifiesto teórico de la modernidad en lengua española (de Armas, E. Génesis y alcance de… 97)

Pártase del epistolario. La carta a Vidal y Morales del 8 de julio de 1882, por ejemplo, se refiere al *Ismaelillo* en los siguientes términos:

> Y también le mando mi *Ismaelillo*. No es colección de mis versos, como le han dicho, amigo mío. Antes quiero yo hacer colección de mis obras que de mis versos.[22] *Es una porción mínima de los que llevo hechos,* que manos amigas me han sacado a la luz, porque las mías poco piadosas con lo mío *la hubiera dejado para siempre olvidada.* Ni la pongo a la venta, porque son cosa íntima, y me repugna vender obras de afectos. *Ni se parece a lo demás que he hecho.* Fue como la visita de una musa. Y ya estoy avergonzado de ver esa sencillez en letra de imprenta (20, 297). [El subrayado es del autor]

El carácter distinto de los versos que experimenta: *ni se parece a lo demás que llevo hecho* precisa oficio poético. Ciertamente, el espíritu de *Ismaelillo* (1882) resume la experiencia del padre extasiado ante el vuelo danzante como mariposas que le evoca el hijo. Una viñeta en el poema Valle lozano ilustra este gozar al hijo. Puede pensarse, por otra parte, en *Versos libres* en los que trabaja desde 1878; pero siempre en registros poéticos desiguales, toda vez que cada incursión poética exige su propio decir, según insiste.

El mismo tema reaparece en la carta a Gabriel de Zéndegui, con fecha New York, 28 de julio [1882], en la que acusa envío de un ejemplar de *Ismaelillo*, y comenta:

> [...] te mando una fruslería que he impreso no porque la tenga por mejor que lo demás que llevo hecho, sino porque me la sacaron de las manos, y la hallé semejante a los rizos rubios de mi hijo. Ya los tendrás, aunque no son buenos los tiempos para ello, y verá cómo la vida es fruta áspera, que rompe los labios y los hijos son urna de bálsamo. No sé si he acertado a dar forma artística al tropel de *visiones aladas* que cuando pienso en él me

---

[22] La carta a Vidal y Morales data de 1882, pero la misma idea ya ha sido manoseada por Martí según se lee en uno de los cuadernos de apuntes escritos hacia 1881, donde subraya: *antes que hacer colección de mis versos me gustaría hacer colección de mis acciones.* (21, 159)

> danzan en torno de la frente. Ni si esa vez, que dormí en almohada de rosas, pudo olvidar mi cabeza la almohada de piedra en que usualmente duerme. Y *los demás versos que hago, que procuro que sean siempre en número menor que otro género de obras, y no son* por esto y aquello para enviados, son versos de cabeza hecha a dormir en almohada de piedra. Lo cual no es malo: es fama que los buenos pianistas aprenden a tocar en teclado de *hierro*. (20, 297-98). [El subrayado es del autor]

Si se lee de corrido este párrafo, se corre el riego de relegar toda referencia posible a *Polvo de alas de una...* y obviar la premisa martiana de cambiar *con los asuntos de lenguaje* (7, 212). En este mismo sentido esta colección es *lenguaje* y *asunto* de naturaleza distintas en términos de poética e intimismo. Ahora bien, si fuera el caso, aunque las expresiones *lo demás que llevo hecho*, o, *los demás versos que hago*, o, *son versos de cabeza hecha a dormir en almohada de piedra*, no pueden tomarse como referencias exclusivas a *Polvo de alas de una...* tampoco lo serían para establecer sugerencia alguna a *Versos libres* e incluso a *Ismaelillo*, en los que ha estado trabajando en paralelo. Acaso, sólo se trate del criterio modesto del artista al juzgar su propia obra; de lo cual nadie que la conozca, se extrañaría. Sin embargo, resulta curioso que la metáfora *visiones aladas* que abarca todo el quehacer poético de Martí se integra semánticamente como parte del título de uno de sus poemarios en gestación; único de su tipo con esa distinción: *Polvo de alas de una gran mariposa*. En cuanto tal, podrían ser también referencias a esas *notas de imágenes tomadas al vuelo* [Pc.Ec. I, 223] para totalizar según el contexto y la ocasión *los demás versos que hago*.

El mismo día 28 de julio [1882] escribe a Enrique José Varona sobre el *Ismaelillo*:

> [...] mi librito de versos a mi hijo [...] Me ha entrado una grandísima vergüenza de mi libro, luego que lo he visto impreso.

> De intento di a esa forma humilde a aquel tropel de mariposas que, en los días en que lo escribí, me andaban dando vueltas por la frente. Fue como una visita de rayos de sol. Mas ¡ay! que luego que los vi puestos en papel, vi que la luz era ida. (20, 299)

Martí desdeñaba todo lo suyo como para hacerlo público. De ahí los términos con que se refiere a *Ismaelillo* como *fruslería, librito, librillo,* asociados a un *tropel de mariposas*, a un *tropel de visiones aladas,* para definir la cualidad de sus textos. No solo se avergüenza, también se queja en carta a Mercado, fechada N. Y. 11 de agosto [1882] de que se lo *sacaron de las manos, y lo pusieron en prensa* (20, 64).[23] El motivo era muy simple, dice:

> En mi estante tengo amontonada hace meses toda la edición, porque la vida no me ha dado hasta ahora ocasión suficiente para mostrar que soy poeta en actos, tengo miedo de que por ir mis versos a ser conocidos ante que mis acciones, vayan las gentes a creer que solo soy, como tantos otros poetas en versos. (20, 64)

Y concluye al referirse a la manufactura del *Ismaelillo* como *cantos mancos de aprendiz de musa* (20, 64).

Al mes siguiente, el 14 de septiembre. [1882], refiere a Mercado la naturaleza creativa de unas nuevas andanzas —calificadas como *encrespadas y rebeldes*—, que le enviará pidiéndole hacer *de juez secreto* y dictamine *si cree que he hallado* dice *al fin el molde natural, desembarazado e imponente, para poner en verso mis revueltos y fieros pensamientos*; subrayándole el hecho de que no dará *al aire esas mariposas de mayor estío hasta que no me*

---

[23] A juzgar por la carta a Diego Jugo Ramírez, con fecha 9 de diciembre [1881], Martí logra poner el *Ismaelillo* en prensa a principios de agosto, a insistencia de sus amigos Bonalde y Gutiérrez Coll: *ellos me animan a imprimir un librito, que escribí en Caracas, y allá le irá. Ya está en las prensas. Es un juguete, como para mi hijo.* (7, 269)

diga U. si le parecen que llevan bien cargadas de polvo de oro, y de fortaleza, las alas (20, 66). El envío nunca ocurrió. Pero ello no deja de implicar que Martí pudiera referirse, por un lado, a *Versos libres* como *mis revueltos y fieros pensamientos* (idea contenida en los vocablos *torvos, tajos, guerreros, hirsutos* y *encrespados* con que suele definir esta colección), y por otro, a *Polvo de alas de una…* en la frase *mariposas de mayor estío* sinónimo de frescura y disfrute prolongado, seguida del simbolismo que entrañan *polvo* y *alas* para establecer las incursiones poéticas distintas en las que trabaja. Incursiones que probablemente, por su sentido crítico, luego cuestionará como *tanta prueba ingenua y rebelde de literatura* [Pc.Ec. I, 233]. ¿Quién sabe?

A Miguel F. Viondi, por su parte, también escribe desde New York, con fecha 28 de julio de [1882], en términos similares a las cartas a Gabriel de Zéndegui y Vidal y Morales, sobre la génesis de *Ismaelillo*:

> Acaso sea parte a que Ud. me perdone, ese librillo que le mando, fruto de una hora de paz, extraña de mi vida. Si le parece bien, nada me diga; si le parece mal, para enmendarlo, o ayudarme a olvidarme de mi yerro. Han dicho en la Habana que es colección de mis versos: Ud. sabe que no es mi espíritu muy dado a estos pacíficos y secundarios quehaceres. Eso sí la imprimí por ser mariposilla, que eché a volar, para que se posase en el hombro de mi hijo. (20, 300)

La carta a Viondi resume este tema de visiones y vuelos al caracterizar al *Ismaelillo* de *ser mariposilla,* que ha echado *a volar, para que se posase en el hombro* del *hijo.* Claro, esta imagen de la *mariposilla* se separa en mucho de la que mueve a *Polvo de alas de una…* —por el propio contenido referencial que la provoca (el *Ismaelillo*)—, no, sin embargo, como la espontaneidad que caracteriza la naturaleza de estas inspiraciones:

> *Causa pasmo a la gente*
> *Mi breve estrofa—*
> *¡No vi jamás en larga línea recta*
> *Volar las mariposas!*

El simbolismo de mariposa-vuelo rige los componentes conceptuales de la creación artística martiana, conjugándose aquí en la espontaneidad de la tríada alas-polvo-mariposa y la realización del vuelo. Son las *visiones aladas*, libres de presupuestos académicos y plenas de experiencias, las que preceden la naturaleza de toda su inspiración poética y, por tanto, las que adecuan las formas simbólicas inherente a la obra. Curiosamente sucede igual con *Versos libres* al referirlos como *notas de imágenes tomadas al vuelo*. [Pc.Ec. I, 223]

Estos efluvios de amor

La aparente simplicidad del símbolo *mariposa* se asocia al alma desembarazada, reflejada en colores y el batir de *alas*. El poeta deshecho de su envoltura carnal expresa en la analogía alma-mariposa lo que experimenta como un modo raro y personal de inspiración.

El epigrama que inicia el poemario discurre sobre la reflexión de ese producir el verso, presentado incluso a modo de prólogo, como suele ocurrir en las colecciones conocidas del autor:

> *Dirán, puede ser que digan*
> *Que estos efluvios de amor*
> *Son de éste, o aquél o esotro:*
> *¡Vive Dios!*
> *Decidme, oh mariposas de colores,*
> *Deleites vagos, enramada en flores,*
> *Luz astral, ramos de oro, olor de selva:*
> *Decid: ¿Sois de Frankfort, o sois de Huelva?*

Estos versos fijan el tema como *corpus lírico*, y por extensión, la legitimidad de cada texto que lo integra. Cada palabra es clave. De inmediato, se puede considerar la emisión sutilísima de ese aliento vital que escapa en forma de *efluvios de amor*. La aparente ligereza de esta frase discurre de lo inmaterial al eros ardiente, que introduce de lo que va a tratar el conjunto: amor y pasión.

El poema estalla con una propuesta categórica. Martí declara el carácter libérrimo del acto creador y defiende el valor de su canto auténtico, imposible de someter al canon académico. Arriesga la palabra en metáfora y símbolos para crear un universo. El demostrativo *esotro* (contracción de *ese otro*), suele ser de uso exclusivo del español clásico que por siglos no admitió variantes o modificaciones lingüísticas. Semánticamente, sitúa al poeta frente a la rigidez de la academia, el contexto lingüístico y el modo de hacer poesía. Indica además el conocimiento del verso y de la lengua española que, ante su mirada, precisan de un manejo distinto, según remacha con los deícticos *éste, o aquel* y el mismo *esotro*. En consecuencia, la impersonalidad del *dirán* y el *digan* devienen objeción de objeciones para establecer de paso la exclusividad de la obra.

Tras la interjección *¡Vive Dios!*, resumen de toda su honestidad poética a modo de juramento, Martí dirige el apóstrofe al alma misma de su inspiración, encarnada en la metáfora *mariposas de colores*. Ilustra aquí la analogía alma-mariposa como manifestación de renacimiento personal. La figuración de *mariposa* es inherente al amor, la pasión, la libertad e inspiración poética debido a su policromía. Expresa siempre y en todo lugar relación obra/ vivencia/ pasión. Es, incluso, símbolo de totalidad en virtud de los colores reunidos sobre sus *alas* que indican la identidad del poemario.

La sucesión de las metáforas *deleites vagos, enramada en flores,/ luz astral*, y *ramos de oro,* culminan con la sutil sinestesia *olor de selva* como poderosa manifestación de la vida. Reserva de frescor, *selva* designa el espacio de un verdadero santuario al natural. Centro de vida, corresponde a un estado del alma en medio del variado andar de la existencia. Es fuente de regeneración donde cada ciclo de la vida se realiza y completa. Su *olor* permite, entre abras y claros, sombras y motas, acceder al reposo momentáneo, fuera de la vista, fuera del control. El poeta sabe de su misterio múltiple, generador a la vez de angustias y serenidades como toda expresión de vida, pero también de su fuerza en cuanto símbolo de inagotable reserva de esa misma vida donde descubre un deseo de renovación. Asocia, asimismo, el verso a la cualidad *prolífica* de *la selva* —según añade en Poética, de *Versos libres*. Todo ello confirma el simbolismo de ese *olor a selva*, cuya sinestesia imperceptible, y por tanto real, armoniza con la sensualidad de una presencia físico-espiritual. Esto se debe quizás a la mención de esos *deleites vagos* y de la exuberante *enramada en flores* que bien pudieran evocar a la hembra y la pasión que los inspira.

Un tríptico de valores simbólicos denota esa inspiración. A la metáfora expresionista *ramo de oro* antecede *enramada en flores* y *luz astral*. Martí resemantiza elementos del mundo exterior para expresar emociones interiores que colige bajo el epíteto metafórico *deleites vagos*. A su cuenta, corresponde ser vehículo de esa expresión.

Los topónimos *Frankfort* y *Huelva* apuntan al romanticismo alemán, el primero, y a la poesía del Siglo de Oro español, el segundo. Ambos nombres, más allá del valor geográfico, parten de una premisa de naturaleza múltiple que integra la dimensión lingüística, literaria, histórica y hasta moderna, dentro de las humanidades como disciplinas. En los versos martianos apuntan a lo más selecto de la manifestación espiritual en las letras y el arte. La idoneidad que expresan los nombres (*Frankfort* y *Huelva*) es clave para comprender su talante referencial. Detrás del imperioso *decid*, aflora la ironía de un cuestionamiento sobrepasado: *¿sois de Frankfort, o sois de Huelva?* La disyuntiva plantea una relación de alternancia que precisa excluir o selecciona una de las opciones expuestas; apunta igualmente a una voluntad expresiva inusual. Sin embargo, con toda intención, es solo una fórmula de puro giro retórico para abrir el poemario, donde la duda toponímica, resulta mero sarcasmo de profunda cualidad lúdica. En lo adelante, queda al poeta demostrar que no son de *Frankfort* ni de *Huelva*, sino propios.

Otra insistencia sobre el particular remacha el argumento de una tesitura verbal auténtica. El verso da para todo, incluso, bajo el venero de sutiles develamientos íntimos que, en realidad, conducen a un principio preciso de supervivencia: la legitimidad creadora. Por momentos asoma una jocosidad casi ingenua que no deja de sorprender como otro de los rasgos temáticos:

> *¿Qué este canto mío*
> *Es canto alemán?*
> *Pues dime: aquellos besos que me diste*
> *¿También allá se dan?*

Martí juega con la palabra y la situación sobre la cuerda de un tono coloquial ligero y hasta simpático. Busca mostrar la belleza oculta de una vivencia, invistiéndola de nobleza personal. El cuestionado *canto alemán* no hace sino subrayar la rigidez para expresar sentimientos de la personalidad teutona. A su juicio, *el alemán no concreta, sino que gira alrededor de lo que quiere decir* (13, 441). En contraposición, *besos* simboliza una adhesión de espíritu a espíritu, reservado solo a verdaderos amantes. Hombre, amor y lírica, concurren como una unidad en la que brilla con luz propia la llama del creador.

Sin embargo, los versos revelan algo más que alusión al romanticismo germánico a lo Goethe, a lo Schiller o a lo Heine. Muchas de las preguntas solo pueden ser entendidas en un registro por entero íntimo. Es evidente que no van dirigidas a ninguna de las mujeres conocidas de la biografía martiana. En sí, presentan una visión desde un ángulo que sugiere al lector cuestionar si acaso hubo también una mujer alemana en la vida del poeta: *pues dime: aquellos besos que me diste/ ¿también allá se dan?* Si fuera el caso, tampoco habría de extrañar, debido a la densa comunidad germánica en el Nueva York de la época y su marcado acercamiento a esta cultura sobre la que también hizo periodismo y traducciones diversas.[24]

Realización similar —aunque con más énfasis en una especie de ironía que llega hasta el sarcasmo—, discurre sin prisa sobre esta singular pavana:

> *Lo que al labio saco*
> *Lo saco del pecho:*
> *Si sale en alemán, es que alemanes*
> *El amor y el dolor se están volviendo.*

Propio de la estética modernista, esta pronunciada autenticidad define la hechura del verso martiano. Las sinécdoques *pecho* y *labio* totalizan verbo y pensamiento. El poeta es consecuente con lo que siente y dice. Asimismo, el tema del dolor tan socorrido en *Versos libres*, orbita aquí a condición de espíritu resquebrajado sin dejar de perder el tono sarcástico. Con ello se distancia de la exclusiva filiación romántica que pudieran adjudicarle para marcar

---

[24] Cfr. diversos artículos sobre cultura, política, sociedad, ciencia, economía e inmigración germánica en Nueva York, publicados en la Sección Constante, de *La Opinión Nacional*, entre 1881-1882; también los comentarios a obras y traducciones de autores alemanes, entre las que destaca el poema Die Schlesischen Weberm, de Heinrich Heine, insertado por Martí en su artículo Un drama terrible, publicado en *La Nación*, el 1 de enero de 1888. (11, 352)

el acento de una voz propia. Vale apuntar que el sarcasmo, cuyo significado es arrancar la carne (en el sentido griego del término), deviene la forma más sutil para ironizar el contexto. Hay que leer al poeta en relación con su propia historia, condición íntima y modo de hacer poesía.

El verso rebosa pasión, romance, humanidad. Es reflejo del ser: se funda en la vivencia, se vierte en el corazón y se sugiere en las palabras: las menos posibles. No puede entenderse vida y verso por separados. Ambos se complementan para mejor entendimiento de la obra:

> *Magnífica doncella*
> *Va, camino de abajo, cabalgando*
> *En una mula ruin: que quién es ella?*
> *Mi mente es la magnífica doncella.*

De conjunto, la propuesta del título *Polvo de alas de una gran mariposa* no parece ser casual y tal vez revele la intención martiana de elaborar una serie de versos mínimos de características similares al revoloteo de este insecto: *¡no vi jamás en larga línea recta/ volar las mariposas!* Quizás piensa en lo efímero y altibajos de determinadas crisis existenciales que van marcando su noche a noche en medio del entorno neoyorquino:

> *La ciudad es grande, cierto,*
> *Y rica, y brillante, y bella,*
> *Y yo soy un hombre muerto,*
> *Y mi sarcófago es ella.*

La imagen de la gran ciudad como centro de fatiga, no es mera elección temática sino mirada inevitable de la civilización que recuerda el tono de Amor de ciudad grande, de *Versos libres*.[25] Símbolo del espíritu moderno como para tantos poetas del siglo XIX, e incluso para la vanguardia del XX, es el espacio impregnado

---

[25] Cfr. sobre el tema citadino y su impronta en la poética martiana, Amor de ciudad grande, El padre suizo, Pomona, Homagno, Estrofa nueva, [Envilece, devora], entre otros de *Versos libres*; junto a Digo que cuando salto, [La ciudad es grande, cierto], Quema el sol; muere el césped..., En los diarios que leo, [Naturaleza mi desdicha sabe], de *Polvo de alas de una...*]

del ajetreo que domina la contingencia y la fragmentación, la rapidez y la tecnología a la vez que es centro de inspiración para nuevos tropos y modos de decir. El paisaje natural se reabsorbe en el paisaje urbano. Hay un discurso mixto en medio del cual el poeta ejerce de aventurero, de cronista o bien de simple observador que sobrecarga su realidad a partir de sensibilidades, emociones, y vivencias novedosas y concurrentes.

Estos versos de *Polvo de alas de una…* quedan ampliados en muchos de los momentos de los *Versos libres* en los que la tristeza cala hondo en el corazón del poeta que define: *envilece, devora, enferma, embriaga/ la vida de la ciudad* [Pc.Ec. I, 163]. Los que siguen a continuación, tachados en el manuscrito original de Hierro, lo atestiguan mejor:

> *Y echo a andar, como un muerto que camina,*
> *Loco de amor, de soledad, de espanto!*
> *Amar, agobia! Es tósigo el exceso*
> *De amor! Y la prestada casa oscila*
> *Cual barco en tempestad: en el destierro*
> *Náufrago es todo hombre, y toda casa*
> *Inseguro bajel, al mar rendido!*

El binomio urbe-naturaleza queda aún en equilibrio, bien que preciso en la dinámica de pensamiento e imágenes que discurren sobre este madrigal de la serie nombrada *La pena como un guardián*:

> *Naturaleza mi desdicha sabe:*
> *Llueve: el oscuro cielo encapotado*
> *Turbio en los hondos lagos se refleja:*
> *Viento recio los árboles encorva,*
> *Y como gimo yo, todo parece*
> *Que como yo desesperado gime:*
> *Y por el mar plomizo, como féretros*
> *Lacias las velas, grandes barcos cruzan.*

Ambos textos armonizan en la temática que destila la solitud del poeta a través de la hipérbole y el símil para maximizar el contexto existencial con toda intención. En este sentido, el estilo depurado de los versos de *Naturaleza mi desdicha sabe* a diferencia de los encabalgamientos y endecasílabos blancos de *Hierro* arriba citados, desborda la cadencia del endecasílabo sáfico que con escurridizo toque romántico acentúa sonoridades muy íntimas sobre vocablos como *desdicha, oscuro, hondo, encorva, gimo, desesperado* y *féretros* que se despliegan a partir de sí mismo como una totalidad: *y como gimo yo, todo parece/ que como yo desesperado gime.*

El tema encuentra amplio paralelo entre los *Cuadernos de apuntes* de 1881, al precisar: *oigo en todas partes sollozos —porque estoy lleno de ellos—* (21,195); idea que lleva del cuaderno al verso como si fuera una copia al carbón:

> *¿Qué me pides? ¿Lágrimas?*
> *Yo te las daré:*
> *Si tengo el pecho de ellas tan lleno*
> *Que ya con ellas no sé qué hacer.*

Esta exquisita pavana es expresión de un estado lastimoso que, junto al dolor y la angustia, queda integrado como tema de manera prominente en *Polvo de alas de una…*:

> *Triste, impaciente, volador, lloroso,*
> *En lágrimas la faz, la pluma inquieta:*
> *El demonio del verso*
> *Que está a la puerta!*

La plasticidad de este epigrama describe a un ser afligido ante el distanciamiento de la amada a la que recuerda con nostalgia. La anhela, pero no la posee a plenitud. En consecuencia, *el demonio del verso* parece ligado a su destino; desempeña el papel del consejero oculto que mueve *la pluma inquieta*, que espera *a la puerta*; quizás actuando más por intuiciones repentinas que a la luz de la razón. Martí atribuye al *verso* una capacidad sobrenatural en la que toma forma de *demonio*, cuya manifestación pudiera sugerirse en la misma prosopopeya *la pluma inquieta*; aunque, sin las implicaciones teológicas del término tradicional *daimonizomai*.[26] Este *demonio* lo acompaña como su *alter ego;* enlaza al poeta con los artilugios del poder lírico, y por añadidura, con su mundo íntimo: tendencias, conflictos, pulsiones, etc. Inmanente a su persona, física, moral y poética, simboliza el ser espiritual. La escena responde a un estado anímico que se arremolina entre los vocablos *triste, impaciente, velador, lloroso*, como parte de la vida cotidiana. El bardo glosa el desamparo.

Ante esa realidad, con el típico giro del desgarro romántico, cuestiona:

>*Y te apoyas en mi hombro, y me preguntas:*
>*¿Estás triste? ¿qué tienes?*
>*Si no me has dado un beso todavía,*
>*¿Cómo he de estar alegre?*

Al enfatizar los sentimientos no correspondidos, refleja sin ambages las fibras de un desasosiego, versado a ritmo de madrigal:

>*Yo tengo en mi oficina*
>*Un calado sillón de sicomoro;*
>*Y cuando pienso en ella*
>*Me siento en mi sillón calado y lloro.*

La narrativa de las *lágrimas* —y sus variantes *gimo* y *lloro, sollozos* y *lloroso*—, que de continuo asoma en *Polvo de alas de una…*, se leen como represión de un erotismo contenido y frustrado; de una realidad escurridiza y tramposa, a la vez, que bella y sublime. El sentir afiebrado del bardo, posibilita acceder a su intimidad, siempre acosada por las exigencias de unos versos que, a condición de secretos (o discretos), lo desdoblan sin arriesgar su propia existencia. Siente que *pasa el verso, hostigado,*

---

[26] Daimonizomai: término griego, traducido comúnmente en el Nuevo Testamento como estar poseído por un demonio. En una lectura más amplia, con el cursar de los siglos, los griegos se dieron cuenta instintivamente de la existencia de un centro interior al que llamaron daimon interior del hombre. (Jung, Carl G. *El hombre y sus…* 161)

y huyendo (5, 192). Llora en su propia carne. Describe, sin duda, la desazón de quien permanece en un vacío de realización personal, pero, curiosamente, tampoco propone una respuesta que sabe depende más de su propia decisión:

> *Esa rosa que me das*
> *De tu rosal es la flor,*
> *Y estos versos que yo exhalo*
> *Son la flor de mi dolor.*

El *dolor* causado por el recuerdo de la felicidad se vuelve omnipresente. Pero queda solo en el marco del verso como un intento desesperado para mitigar la ausencia de la amada y su frustración individual. El poeta ve, pero no puede *pintar*, como establece su máxima creadora: *la poesía vio antes: se anticipó en verso* (21,391). La sensación de soledad es tan abrumadora, que inhabilita su capacidad de escribir, según confiesa en la brevedad hiperbólica de este epigrama:

> *Pintar! No puedo pintar*
> *Este augusto desconsuelo:*
> *Es la soledad del cielo*
> *Y la tristeza del mar.*

Si para referirse a la poesía Martí utiliza el vocablo *verso*, para el oficio de escribirla, lo hace con el infinitivo *pintar*. Ambos, denotan la esencia del acto creador como principio de su sistema simbólico. De ahí que el poeta sea su mejor cronista, aun limitado por circunstancias imposibles de *pintar*. Sabe que la palabra resulta a veces insuficiente para expresar la dimensión de una experiencia vital, sólo comparada a la *soledad del cielo/ y la tristeza del mar*. Son estos los espacios donde el hombre resulta ínfimo y vulnerable ante una realidad desbordante que refiere como *augusto desconsuelo*: metáfora singularísima de su condición personal.

El ámbito natural funciona como recurso nemotécnico que a menudo viabiliza el estado emocional del poeta:

> *Tiene el cielo la vía láctea:*
> *Pues yo tengo más:*
> *Tengo el recuerdo de la tarde aquella*
> *En que te vi, mirándome, a punto de llorar.*

El instante queda adherido a la imagen de la amada, recolocada desde un pasado tan vivo e inmediato, que resalta el sesgo dramático del presente.

El sentimiento expuesto queda suspendido como si fuera la continuación de una confesión a alguien o a sí mismo:

> *Lució en mi vida lóbrega, cual luce*
> *En la desdicha, el alba de la muerte.* [27]

Otro asomo al particular, es la apertura de la segunda sección de *Polvo de alas de una...* con acentuado tono confesional:

> *La pena como un guardián*
> *En mi espíritu reside*
> *Y colérica despide*
> *A los que entrando a él van.*

El verso es una porción de lo que se percibe. Su lectura no es lo más importante, sino la realidad a que nos remite. El autor advierte que ha de echar a rodar sus sentimientos, al iniciar esta sección con un concepto universal especificado: *la pena como un guardián*. Apela a la rigidez del símil para presentar al verso como un vehículo del oficio espiritual junto a la fibra que ha de regir el tono del ámbito poemático. El vocablo *guardián* es dato vital. Simboliza el guardatemplo interior que aparta a los intrusos: *a los que entrando a él van*. Se distingue por ser el vigilante audaz que media entre el mundo exterior y el intimismo del poeta; el protector que separa ambos espacios. Martí organiza el texto desde la relación semántica condición/ consecuencia, otorgándole a la *pena* una función prosopopéyica (*reside/ y colérica despide*), que la convierte en la metáfora icónica de *Polvo de alas de una...* Habla de la *pena* de todos los días, de todas las noches. Desde este

---

[27] Versos incluidos en el Apéndice de *Polvo de alas de mariposa* que aparece en [Pc.Ec. I, 212].

sentir, expone su vida y presente como agonía existencial, centrada en una reclusión interior permanente que lo desborda.

Martí es el poeta soledoso, capaz de abrazar la soledad a la vez que temerla hasta convertirla en poesía. Mientras más intensa, más dialógica; mientras más temida, más creadora: *la casta soledad, madre del verso* (22, 107). La versifica a modo de anécdotas y revelaciones. Entra en sí solo, y sale de sí solo. La brevedad de los versos devela cuanto de naufragio personal experimenta:

> *El ancla está levada:*
> *Queréis, gente de mar, saber cuál deja*
> *Rota la tierra, al levantarse, el ancla?*
> *Bajad, oh marineros,*
> *Al fondo de mi pecho!*

El motivo del *ancla* que *deja/ rota la tierra, al levantarse,* simboliza alguna rotura espiritual y la carencia de salvaguarda entre las tormentas de la vida; a saber: patria, amigos, familia, esposa e hijo. Vinculada a circunstancias externas, *ancla*, evoca aquella confesión tachada en los manuscritos de *Versos libres: en el destierro/ náufrago es todo hombre, y toda casa/ inseguro bajel, al mar rendido!* [Pc.Ec. I, 112]. Ese es el sentido último y definitivo del *ancla levada* de estos versos: la sensación de inseguridad y, por tanto, de desesperanza. La mención del *mar*, cuya intranquilidad suele asociarse a las dificultades del día a día, refuerzan esta idea. El paralelismo *tierra/ pecho* representa, a su vez, al ser desconsolado en medio de la hostilidad social que lo rodea. Resume lo áspero del contexto exterior y su incidencia en el mundo interior del bardo. De igual modo, la denudación simbólica del *pecho*, bien que se realiza en el imperativo *bajad*, considerado aquí una invitación a viajar a lo profundo del alma. Pero el simbolismo es más amplio. La intensidad emotiva de este madrigal queda contenida en cada referencia marina (*ancla, mar, gente de mar* y *marinero*), que devienen en metáforas totalizadoras del aspecto social que limita a la persona humana para vivir y crear; mientras que los versos finales (*bajad, oh marineros,/ al fondo de mi pecho!*), funcionan como epítome del dolor personal que se expone, ligado a la simbólica particular de *pecho* y, por ende, de la relación hombre-sociedad.

La acción de bajar alude a la idea del sufrimiento escondido y agónico. Se trata de una conjunción martillada de disímiles modos en la base de toda su obra escrita. Para muestra (aunque en otra lectura), este fragmento de un apartado de *Versos libres*, donde confiesa:

> *Para el misterio de la Cruz, no a un viejo*
> *Pergamino teológico se baje:*
> *Bájese al corazón de un virtuoso.*
> [Pc.Ec. I, 172]

Martí guarda para sí mismo sus dolencias; las que solo advierte desde un silencio e intimismo que nadie sospechaba en su momento. Habla aquí de la dualidad entre lo que se muestra y lo que en verdad se siente.

Cabe mencionar, de paso, el mito Prometeo que el artista asocia a la desventura humana. Siente la necesidad de explicar su agonía:

> *Todas las fieras se han dado cita*
> *Sobre mi alma,*
> *Y como el hígado de Prometeo,*
> *Mi alma no acaba.*
> *Es que de dientes de fiera acaso*
> *Mi alma se nutre:*
> *Y crece el hígado con las mordidas,*
> *Y crece el buitre!*

La concreción plástica de este epigrama expone la adversidad del ser en sociedad. La figuración de *Prometeo* adquiere en aquí un matiz *sui generis* que difiere del resto de la literatura martiana. No es aquí la del mártir —recompuesto en imágenes o alegorías—, que renuncia a sí para sufrir por los demás, o para desafiar la autoridad que impone el entorno; o mejor, para entregar el conocimiento al hombre, metaforizado en el fuego divino de la mitología. En todo caso, encarna el dolor de *Prometeo* sobre su *alma*, por sí y para sí. A saber, simboliza la dualidad materia-espíritu, instinto-razón.

Martí adecua una parte del mito a sus límites personales. No se rebela como hace el titán de la *Teogonía* de Hesíodo; sólo sufre en silencio y describe el proceso de esa angustia, por demás, privada. No roba el fuego para otros; el fuego está en él, es terrenal, como *los dientes, las fieras* y *el buitre*. Solo habla del castigo, de la resolución final del mito: la condena eterna. Compara su *alma* al *hígado* de *Prometeo*; siente que le resulta de naturaleza tan común a los hombres y a los dioses. Contrasta su inmaterialidad con lo tangible de *hígado* para señalar la permanencia del sufrimiento: el *alma crece, no acaba* ante el dolor. Es el planteo de una lucha interna. Eso explica el picotear del *buitre* sobre el *hígado*, símbolos de la muerte, el primero; y de la vida, el segundo.

El *buitre* se pone aquí en lugar del águila mítica, quizás para reforzar la presencia de la muerte a través de un ave rapaz que come entrañas. Es su mensajero; un símbolo maléfico, ligado al temor de la desgracia, a la agonía perpetua. Es el pájaro devorador que resume en sí a las *agoreras/ aves tintas en hiel, aves de muerte*, en Isla famosa, de *Versos libres* [Pc.Ec. I, 85], y en otros espacios de la literatura martiana, para denotar la maldad de los hombres que, a su decir, *buitrean*.[28] Según los versos, *crece* igual que el *alma*, pero solo para vincularse a la inmediatez de la muerte. El *hígado*, por el contrario, se considera sede de la vida —debido a su riqueza de sangre—, y al decir de la tradición, del alma, en virtud de las emociones asociadas al placer.

En fin, la escena prometeica representa la bestialidad concurrente de la humanidad, cuya fuerza agresiva se precisa en el sintagma *dientes de fiera*: el instrumento con que se toma posesión de la presa (*mi alma*). A las *mordidas* corresponden ser como las marcas de algo espiritual; expresan el impacto emocional tras experiencias de vida: incomprensión, desamor, deslealtad; tal vez, hasta registran la soledad y el pasar del tiempo sobre el cuerpo de quien las sufre. Ambos, *dientes* y *mordidas* son símbolos de posesión y, por tanto, de condena en el mundo comentado de los versos: *todas las fieras se han dado cita/ sobre mi alma*. La hipérbole que construye esta imagen traduce la voracidad de la muerte:

---

[28] Buitrean: neologismo martiano que significa ir como buitres. Cfr. artículo Un día de elecciones en Nueva York. (10, 110)

desasosiego que Martí siente tan inmediato como real. Pero algo más se entresaca de este período versal; máxime, por lo que atañe a la representación de una escena licantrópica, que —como una de las tantas obsesiones decimonónicas—, muestran al ser deshumanizado, convertido en fiera o ave falcónida sobre otro hombre.

Esta relectura es indicio de una crisis existencial, quizás originada entre el querer y el no poder exponer una relación íntima. Revela mucho de censura externa como de autocensura interior. Su poderosa imaginería y hondura emocional son reflejos de un contexto convulso, imposible de soslayar. La aproximación al mito se aclara desde el propio nombre *Prometeo*, que significa *el pensamiento previsor*. Su complejidad misma es la complejidad de la misma vida cotidiana que resume la totalidad del ser, sus acciones y consecuencias. A efectos de una simple referencia teogónica, sitúa al protagonista en su propia mortalidad. Son los versos que funcionan como la gran alegoría de su entorno vital. Sin duda, este Martí prometeico (siempre aprisionado en sí y encadenado a la roca de la vida), muere a diario en medio del entramado de las pasiones y lo contingente.

De similar manera, se define el panorama de la *vida* en la concreción semántica que ofrece el límite epigramático:

> *Garza, la de blanca pluma,*
> *Ave, la de rojos pies.*
> *Así es la vida —la corona espuma*
> *La baña sangre: así es!*

La *garza* participa aquí del simbolismo de las zancudas en virtud del esfuerzo por superar obstáculos con sus pasos largos; particularmente sobre ríos o pantanales. Pero el motivo fundamental se da por el hecho de su contraste bicolor: arriba *blanca pluma*; abajo *rojos pies*. Esta doble simbólica está ligada, por un lado, a la ascensión (blanca), y por otro, a la hostilidad del camino (*rojos*), que equivalen, el uno, al encumbramiento, el otro, a la *sangre*; y ambos, a la *vida*. Cuando se exteriorizan, puntean los acentos de una nota autobiográfica, siempre en busca del refinamiento personal y espiritual. Martí describe la existencia como un recorrido sacrificial para llegar a la plenitud del ser: del martirio a la recompensa, del dolor al gozo: *así es la vida*. El poema precisa el carácter trascendente de todo evento para acceder, por fin, a *la corona*: símbolo victorioso en que concurre todo esfuerzo de vida y obra. De ahí, quizás, hasta el acento escatológico tan tradicional de *corona* para subrayar su estatus de culmen espiritual tras vencer las batallas en el ámbito terrenal.

El poeta pone el dolor en perspectiva como una forma real de lidiar con los desafíos de la existencia humana:

> *Bueno es sufrir: cuando en el lado izquierdo*
> *Del seno roto arder se siente un cáncer,*
> *Sobre la llaga ardiente, un perfumado*
> *Lirio blanco y azul sus alas abre.*

No pretende hacer un canto a la resignación, sino actuar en consecuencia con la práctica de la virtud. La imagen de este epigrama remite a la angustia existencial que cataliza el contexto desde donde escribe, se mezcla, pero siente no pertenecer. Martí abre los versos con una definición categórica: *bueno es sufrir*, que amplía con los vocablos *roto*, *arder* y *cáncer*; cada uno de significativo alcance personal. Agolpa la exaltación del dolor en el uso del epíteto metafórico *llaga ardiente*, síntesis de todas las heridas emocionales y el sufrimiento cotidiano que experimenta a modo de un mártir moderno. Siente la complejidad de la naturaleza humana, inherente al *ardiente* misterio de la vida y lo circunstancial. La analogía, por sí sola, cobra mayor dimensión en tanto el sufrimiento es situado *en el lado izquierdo*; referencia de pura ganancia expresiva como mismo ocurre en el relato bíblico de La Pasión. El contraste *cáncer-lirio* marca la nota del ascenso de lo físico a lo espiritual como concepto glorioso de vida y obra. El poeta siempre ha creído que *el dolor es la espuela del genio, o su sudario*. (21, 241)

Simultáneamente, la simbólica de *lirio* se añade a este contexto para hacer de esta flor el referente sublimado de un amor intenso y a la vez terreno: del dolor nace el verso junto al alivio. Pero algo lo hace más especial en virtud de la hembra que mitiga el ardor *sobre* la *llaga*. Puede sentirse aquí el eco baudelaireano en esos *efluvios* del *perfumado/ lirio blanco y azul* que propician liberar la mente y los sentidos con tan solo desplegar *sus alas*. Toda sugerencia, sea erótica o espiritual, queda asociada a esa acción; vívido símil de la fuerza y la serenidad que el amor favorece en medio de la convulsa vida común. Los atributos cromáticos, sin duda, condicionan los significados de pureza (en *blanco*), y espiritual (en *azul*). La amada está presente; el amor sana: ambos conducen a la felicidad en cuerpo, mente y alma. Igual al *Cantar de los Cantares*, todo queda resumido al privilegio de la elección: *como el lirio entre espinos/ así mi amada entre las doncellas* (Cnt 2.1). Y en ese símil, ella (*lirio* y *alas*), restituye la vida personal e íntima del poeta.

Si bien la brevedad excesiva parece degenerar en meros epigramatismos, el poeta no encuentra modo mejor de sintetizar su mundo de pasión y dolor:

> *Como de entre malezas león dormido*
> *Resurge de mi mente el pensamiento:*
> *Pero míralo bien —verás que lleva*
> *Tinto de sangre lo mejor del pecho.*

Este *león dormido* representa las pasiones reprimidas del poeta; análogas a aquellas que puso en oración al exclamar una vez: *Señor: en vano, intento/ contener el león que me devora.*[29] Simboliza las fuerzas instintivas que —al estar *dormido*—, contrasta su aparente debilidad con la naturaleza humana. El sentido tropológico de la imagen denota contención personal y cuanto de *abestiamiento*[30] atajado puede habitar en el hombre. En oposición, la intensidad del *pensamiento* que *resurge* es sede de fiereza, no en el sentido peyorativo del término, sino del ímpetu del hombre que no quiere dejar de decir o rendirse ante la adversidad. Este *león* es a lo bestia, lo que *dormido* a la quietud. Conviene añadir en este punto, que *león,* entre sus múltiples realizaciones, se revela

---

[29] Según nota en [Pc.Ec. II, 177] de 1993, el original de este poema está en el cuaderno de *Ismaelillo*, con fecha 12 de marzo.

[30] Abestiamiento: neologismo de precisión semántica que designa una especie de proceso licantrópico en el hombre: *Indigna el forzoso abestiamiento de unos hombres en provecho de otros.* Cfr. artículo Ha muerto Karlos Marx, en *La Nación*, Buenos Aires. (9, 388-90)

también como símbolo del verbo martiano, de la fuerza de su palabra: *yo ando con un león dentro del pecho que me arrebata la pluma de las manos* (21, 189). Esta figuración, casi simbiótica (hombre-león), atraviesa la obra escrita del autor; él, es *león* de *mente* y *pensamiento* (interno), *tinto de sangre* el *pecho* (externo): extraño a su ámbito. El doble aspecto, adentro/afuera, expresa el vigor emotivo del ser, sus impulsos. Toca la esencia de un trasunto vital, donde *sangre*, junto al imperativo, *pero míralo bien*, designa toda la angustia personal y mental que prevalece: *verás que lleva/ tinto de sangre lo mejor del pecho*. Con el apóstrofe, tal parece como si a la escena quisiera dársele un toque realista a la usanza de la pintura decimonónica. Martí cree que la pulsión creadora, requiere de la *sangre* como elemento definidor del yo en sociedad. Entiende que nada puede lograrse sin sacrificios o dolor. Desde esta perspectiva, *sangre*, resulta una metáfora compleja, siempre análoga al sufrimiento, y cuando se derrama, a la muerte.

Asimismo, *pecho* expone, por asociación metonímica, las emociones e impulsos que contiene el corazón. El paralelismo *pensamiento/pecho*, funciona para el bardo como la caja de resonancias de un intimismo que lo ata y detiene para vivir su propio presente. Esta realización queda sintetizada en el símil de apertura *como entre malezas león dormido*, en cuya imagen leonina, *malezas*, simboliza la complejidad del contexto social. A su cuenta, corre la idea martiana de la vida como agonía existencial. Hay aquí una equivalencia semántica a las *oscuras malezas*, de Hierro, de *Versos libres* [Pc.Ec. I, 67], que curiosamente data de 1883.[31] En ambos casos, los significados de escollos, cerrazón, e incluso peligro, se entrelazan por analogía al espacio lóbrego que rige el espectáculo bio-social a que asiste el sujeto lírico. La referencia sugiere al ser que ha de andar escurridizo, secreto, silencioso. Nada expresa mejor la realidad del poeta soledoso y

---

[31] El principio del decenio de 1880 es particularmente convulso en la vida de Martí. En especial, 1883 es el año que condensa su situación personal, expuesta en carta a Mercado con fecha 30 de agosto de ese año. Y aunque la referencia pertenece a los *Versos libres*, resulta una confesión puntual que totaliza en el ámbito del autor: *En un libro de versos torvos, que no sé si sacaré a la luz, anda este: Muero de soledad, de amor me muero.* (20, 69)

sus pulsiones contenidas, que la figuración de esta fiera dormitando *entre malezas*.

Otro epigrama que acumula en sí el contraste moral-sociedad ante la mirada del artista y su época:

> *Ven, y apriétate a mí: mira cual cruzan*
> *Los amores, cual cerdos en bandadas:*
> *Ven! tú me cuentas lo que yo sabía:*
> *Tu amor viene dormido en un águila!*

Los versos presentan la complejidad del entorno social, explayándose en la polaridad de símbolos y metáforas específicos: *águila* vs. *cerdos*. Frente a esta dicotomía, la petición *ven, y apriétate a mí* parece el grito desesperado de quien busca amparo. A partir de aquí se establecen las coordenadas simbólicas arriba/ abajo y espíritu/ materia, regidas por los símbolos estructurales *águila* y *cerdos*. Ambos, denotan el contraste entre refugio e impureza para entender mejor el amor que se tiene, el amor que se da. Sobre esta base, la evocación de *águila*, presagia superar retos, tanto como es señal de prevalencia según la situación del momento en que se produce esta imagen.

Cerdo(s), por su parte, aunque no es un tropo común en el sistema simbólico martiano, las pocas referencias resultan claves para entender la jerarquía de valores dentro de este. El contraste simbólico *(águila-cerdos)* precisa este orden de valores. Mientras *águila* sintetiza en una expresión sensible toda la nobleza del nuevo comienzo, junto a la lealtad y esperanza que se armonizan en la intimidad del artista, los *cerdos* no; los *cerdos despiertan los deseos* [Pc.Ec. II, 298]. Su imagen representa la impureza, cuyo significado se extiende al fondo más primitivo del ser en cuanto a bestialidad y vileza se refiere. Es símbolo de las bajas pasiones revestidas de lujuria y egoísmo. La tradición judeocristiana suele asociarlo a la tentación y corrupción del alma. Estas connotaciones tienen su origen en la figura del animal fácilmente engañado por su apetito voraz. Análogo a esta lectura, se descubre al hombre metamorfoseado en *cerdo*. Nótese, además —hecho significativo—

que estos *cerdos* parecen alados. Martí utiliza *bandadas* en lugar de manadas para referirse a grupo bullicioso de personas que *cruzan*, simulando un vuelo, que denota la masividad de una presencia negativa en la sociedad. El conocimiento de esa presencia es vital para los amantes y su contexto: *ven! tú me cuentas lo que yo sabía*. Esta declaración resume toda la esencia emocional y simbólica hasta aquí expuesta. Propicia la adhesión armoniosa del poeta a su amada: sabe que ella es parte de su alma, su refugio. En consecuencia, nuestro autor ofrece una visión conmovedora e íntima de su universo personal. La mansedumbre de la imagen: *tu amor viene dormido en un águila!*, expresa la ternura del cariño ofrecido. Pureza y sinceridad se conjugan a modo de suave epifonema para cerrar la escena con el triunfo exclusivo del *amor*.

La poesía es acaso unas veces refugio, otra evasión:

> *De levantarme acabo:*
> *Acostarme quisiera:*
> *¡Dadme pronto la cama*
> *Donde no se despierta!*

El querer huir de la rutina que somete es esencia de carácter ontológico. Esboza las circunstancias del ser rodeado de intensas agitaciones que dificultan la vida diaria y cuestionan el sentido de lo que él mismo es. Martí inicia con un apóstrofe que interpela al misterio de algo que siente presente: *¡dadme pronto la cama/ donde no se despierta!* Hay una urgencia por emprender la huida. Aquí *cama*, por ejemplo, más allá de inscribirse en la simbólica de la horizontalidad, participa del lecho que absorbe la vida. No es la reparadora del sueño o el espacio donde ocurre el acto conyugal, generador de vida como dicta la tradición; es también lugar del deceso. Idéntica idea se maneja a continuación, con marcado ímpetu personal:

> *Oh qué hermoso será un muerto*
> *Tendido en el paño azul*
> *De los cielos —las estrellas*
> *Por cirios —oh, qué gran capilla ardiente!*

El laconismo epigramático de estos versos abre el imaginario en que se produce la totalidad de este manojo lírico. El poeta desea escapar de lo contingente y lo tangible. Sobre el particular, apunta Schulman:

> La poesía como evasión, como purga de emociones; la poesía considerada como una forma de expresión intuitiva, impulsiva; la poesía, la personal manifestación lírica del artista dentro de su ambiente, son los correlativos teóricos de una simbología en que la intuición es el factor predominante en la formulación de imágenes. (Schulman, I.A. *Símbolo y color...* 31)

La evasión se hace más explícita al recrear los contornos de una escena mortuoria. El *muerto tendido*, los *cirios* y la *gran capilla ardiente*, son en sí mismos síntesis de la culminación de la vida terrenal. Pero el poeta entiende la muerte en otro lenguaje; añade la idea del ascenso a consecuencias de un buen morir. Se refiere al lugar y no al acto de perecer. La expresión de apertura, *oh qué hermoso*, rige este pensamiento con que desmitifica el poder de la muerte. Hay en todo esto una lectura enraizada en el mundo del simbolismo y la tradición netamente cristiana. Como en la iglesia primitiva, el epíteto *ardiente* alude al ritual fúnebre, en medio del cual, el *muerto tendido* queda rodeado de ornamentos luminosos (*las estrellas/ por cirios*), que lo guían hacia la claridad. Esta luz celeste, simboliza pureza y transformación espiritual: expresiones de la esperanza humana. Así, cada elemento queda individualizado en *el paño azul/ de los cielos*; denotando, por fin, la aspiración ascensional del poeta.

En vista de los expuesto, el sujeto lírico recompone al paisaje real a través del verso. Se establece una relación de pensamiento entre el ser y su realidad, donde cada momento es una historia única; reveladora de un estado emocional puntual. Cuanto le rodea hace que aumente la sensación de tristeza:

> *En los diarios que leo,*
> *En las nubes que cruzan,*
> *En el aire invisible, mis errantes*
> *Desconsolados ojos te dibujan.*
> *Y me cubro los ojos,*
> *Como alivio a mi angustia, —*
> *Y del fondo del alma te levantas,*
> *Llorosa, inconsolable, eterna, augusta.*

El contexto urbano —integrador de tantos estímulos—, reconstruye el relato social como reflejo de ilusiones y triunfos, decepciones y tristezas. Hay un discurso mixto, que articula el paisaje natural con la experiencia personal, por lo común autobiográfico. El referente a la urbe mediatizada entre *los diarios*, deviene en radiografía de la sociedad moderna y el individuo. Se trata de otro de los tópicos que integran este *corpus* poemático como paradigma en el que la representación domina sobre la presencia. El escenario intensifica la *angustia* que ahora se desplaza de un espacio exterior y ajeno, a uno interior e íntimo, en singular tono dialógico. El poeta se desdobla en sus versos: *mis errantes/ desconsolados ojos te dibujan*. Cada elemento (*diarios, nube, aire, fondo*) es motivo para agenciar la visión idílica de la amada ausente. Todo gira sobre esa ausencia. De hecho, la sucesión de imágenes —*en los diarios* (lo habitual), *en las nubes* (la figuración), *en el aire invisible* (lo inmaterial)—, no hacen más que martillar la turbia soledad del autor, definida en los epítetos de cierre *llorosa, inconsolable, eterna, augusta*, con que visualiza la amante en ausencia.

Es curioso observar que el verso queda semánticamente confinado al marco del *yo* y su contexto. Con la destreza de una sintaxis sencilla y un ritmo vital apaisado, el poeta expone sus silencios y desamores, sus gozos y confesiones. Cada poema adquiere carácter de desgarro íntimo; cada línea revela el tránsito por los estados de una experiencia amorosa. En consecuencia, la reiteración de ideas y significados se erige en el principio estructurador del poemario sobre temas de amantes, placeres, ausencias, soledades y desamores, hasta trasmitir un total sentido de otredad y aislamiento:

> *De mi cuaderno al golpe*
> *Ruedan las copas:*
> *Así rodarán, de mi pena al choque,*
> *De mí arrancadas, mis humanas ropas.*

La imagen de este curioso epigrama se construye sobre una base fono-simbólica. La aliteración del fonema /r/ añade una dimensión sensorial que sugiere a través del sonido cuanto de tensión contenida se experimenta. Los vocablos *ruedan, rodarán, arrancadas,* y *ropas,* especifican este contenido semántico. En consonancia, la carga emotiva suele ser más severa en el uso de las frases: *al golpe, al choque.* Ambas son señales que indican angustia y dolor personal. De ahí, que el acto de rasgar las vestiduras, exprese un profundo significado espiritual. Su ocurrencia, define la atmósfera de una realidad particular. Revela la intención de querer dejar al descubierto la tristeza que condiciona la fragilidad humana del poeta.

Un vaso de aromas hueco y roto

Con certeza, la nota desgarradora se diluye en el imaginario poético hasta moldear y transformar desde el dolor a quien la escribe:

> *Mañana, como un monte que derrumba*
> *De noche y en sigilo su eminencia, —*
> *Como un vaso de aromas hueco y roto,*
> *Caeré sobre la tierra.* [32]

La urdimbre de este madrigal no es versificación de quien ha escalado la cumbre del *monte*, sino presagio de quien desciende por derrumbamiento, de *noche y en sigilo*; es decir, en secreto. La fragmentación del yo íntimo, sugerida por la concreción plástica de los epítetos *hueco* y *roto*, subraya el carácter de vacío en oposición a *monte* como símbolo de una cúspide virtualizada ante la sociedad. No le es lícito al poeta exponer en público cuanto piensa y siente: lo sabe; el ambiente dicta el verso. Prefiere ser *vaso*, el cuenco de una fuerza escondida y depósito de elixir de vida. El empleo de este símbolo es una clara señal del momento vivido; singulariza al individuo. *Aromas*, por su parte, estaría evocando la permanencia del perfume de la amada posterior a su partida; tal vez, su recuerdo. Sin embargo, su tendencia ascendente, no rige el texto, sino para reforzar luego la idea del derrumbe, de ese caer a *tierra*. Con todo, este *vaso de aromas*, más que contener delicados *efluvios*, permite al amante autoalimentarse de ellos. La imagen que introduce el símil, *como un vaso de aromas hueco y roto*, subraya la otredad del ser desde el silencio; mientras *tierra*,

---

[32] Idéntica imagen se reitera de continuo en *Versos libres*:

> *Mas si frente a la luz me fuese dado*
> *Como en la sombra do[nde] duermo, al polvo*
> *Mis disfraces echar, viérase súbito*
> *Un cuerpo sin calor venir a tierra*
> *Tal como un monte muerto que en sus propias*
> *Inanimadas faldas se derrumba.*

cuyo étimo es *humus*, el lugar a que se vuelve. Cada elemento es revelador de connotaciones simbólicas que hacen del receptáculo (*vaso*), el portador de una existencia que irremediablemente se despeña a *tierra* tras el paso de la *noche*. Aquí *vaso* es el hombre; *tierra*, el espacio a donde vuelve; y la acción de caer, la fragilidad humana; todo, inserto en un contexto amplio, donde la instancia verbal *caeré*, define al sujeto y la cosmovisión de su presente. La relación autor-realidad-texto, muestra a un Martí ante la obstinada presencia de la soledad.

Al tema pertenece también esta pavana, que dice tanto con tan poco sobre la *amada*, siempre deseada y siempre ausente:

> *¡Oh! diles que callen;*
> *Diles que no rían;*
> *Que no gocen diles;*
> *¡Que está lejos de mí la amada mía!*

De la profundidad del alma dimana la tristeza en cada verso. El frenesí de los ritmos diarios no da cabida a la distensión del ser. La lejanía física de la *amada* contrasta con el aislamiento aun mayor que impone la condición pública del poeta. El reiterado *diles* enfatiza cuanto de soledad resulta latente. Se trata de una actitud apostrófica que apela al mismísimo lector en la tesitura de un ruego exagerado (*que callen, que no rían, que no gocen diles*). Ahora quien lee, participa de la manufactura de verso en virtud de la empatía que genera esta curiosa rogativa lírica; de este *coloquiar con el espacio vasto, como con natural amigo* (8, 198).

Resulta atinado apuntar aquí, que estos versos aparecen en el *Cuaderno de apuntes 6*, justo antes de Mi Despensero, el penúltimo poema de *Ismaelillo*; lo que también pudieran leerse como una clara alusión a la ausencia de la esposa e hijo, a quienes no ve desde fines de 1880. Este *Cuaderno 6* data de 1881, año en que logra poner en prensa el *librillo* dedicado al hijo, hacia el mes de diciembre. También lo es de su artículo *El carácter de la Revista Venezolana* (7, 207-12), donde expone sus ideas sobre la renovación literaria que urge en Hispanoamérica. Ambos textos, se granjean el inicio de un período vital, el primero, y literario, el segundo. Hay una urgencia por teorizar y escribir cosas nuevas, aun cuando atraviesa experiencias vitales —versadas en primera persona—, en las que suele escudarse y hasta excusarse con cierto tono eufemístico:

> *Me casé? Yo me casé*
> *Con un castillo de nubes:*
> *Y en la noche de mis bodas*
> *Vi que era un cesto de cintas azules.*
> *Y vi el cesto, yo lo vi*
> *A la luz de la tormenta,*
> *Y hallé —no hallará la muerte!*
> *Que era un cesto de cintas muy negras.*[33]

Se impone anotar que la carencia de afecto familiar aparece *in medias res*, aunque no llega a constituirse en tema ni asunto de *Polvo de alas de una...*, como también sucede con la ciudad y la emigración que asoman circunstancialmente dentro del poemario. Entre ellos, esta muestra condicionada por su tono confesional:

> *Anoche me abrí el pecho*
> *Para verte mejor, esposa mía:—*
> *Y una paloma allí, como en su lecho*
> *En el seno de un águila dormía. —*

---

[33] El mecanuscrito de este poema aparece al dorso de una hoja de papel, presumiblemente de su época como empleado de la *Lyon & Co* (1882). Allí se leen los nombres: *Lyon & Co./Mr. Edw: Lyon/ Mr. Edw. Steinbrugge/ Mr. Ludovic Pagenstecher*, seguidos de firmas. El poema nunca estuvo recogido en las Oc. de 1975; aparece por primera en vez en la [Pc.Ec.] de 1985. Sobre el particular, en una serie de artículos mencionados por Carlos Ripoll se refieren *algunas de las razones por las que el poeta pudo considerar sus últimos meses mexicanos como "un castillo de nubes"*. Según este autor, *había sido rechazado en amores por Rosario de la Peña; al regresar a La Habana Eloísa Agüero terminó su aventura erótica con esa actriz de teatro; y fue aplaudido en la escena del Teatro Principal su proverbio Amor con amor se paga. Formalizó entonces las relaciones con la Zayas Bazán* (Ripoll, C. *La vida íntima y...* 213). Visto así de corrido, Martí sería un mojigato y el matrimonio una encrucijada a la que tenía que asistir irremediablemente. Sin embargo, no: sí amó a Carmen, aunque en verdad no supo ser esposo.

La imagen de este madrigal quizás tan solo sugiere el recuerdo de lo perdido o el deseo de lo que no se tiene. Sin embargo, cualquiera que haya sido la intención, Martí retoma el tópico como un recuento sentimental inherente a su ser. Asiste a una experiencia de especialísimo intimismo: *anoche me abrí el pecho/ para verte mejor, esposa mía*. El acto de abrirse el *pecho* muestra las fibras de un ser genuino que deja al descubierto sus sentimientos y emociones más entrañables. A tal efecto, evocar lo sublime se incorpora como elemento natural de la escena en ese *verte mejor* de delicado cariño. Hay un querer sincerarse y exponerse desde la sencillez del momento. Contemplar a la amada mientras duerme, revela amor y conexión espiritual. No en balde, en el marcado *esposa mía*, resuena la *amada mía* del *Cantar de los Cantares*, en igualdad semántica a la *paloma mía* de estos cantos nupciales (Cnt 2.14; 5.2).

El poema resulta sumamente rico en estas figuraciones. Lo mismo *paloma* que *seno* son símbolos asociados al afecto. Al uno corresponde la serenidad del momento; al otro, el sentido de protección; y a ambos, la dimensión del eros sublimado. En ese orden, paz, refugio y amor, se resumen en el vocablo *lecho*, como el espacio restaurador de los misterios de la vida, en cuanto estado fundamental, y de la persona humana, en tanto cualidad de valores (sinceridad, bondad, respeto, etc.).

Pero algo más ocurre. El par *pecho-lecho* expresa simbólicamente la morada del cuerpo y el alma. Martí le confiere además la noción de amparo como elemento muy significativo. Esta combinación, no compone un simple espacio físico; antes bien, entreteje los bordes de un refugio reposado y quieto; entraña su centro y corazón. A este respecto, el fundamento de la imagen, *pecho-lecho*, adquiere su función análoga por contexto, ya sea como vocablos parónimos o como el duplo simbólico primordial que estructura la esencia del mensaje. Uno y otro van cargados de valores afectivos y espirituales que se complementan entre sí. Por consiguiente, sin importar el orden —sea *pecho* por *lecho* o viceversa—, ambos términos operan en un mismo campo semántico en virtud del amor delicado y protector.

Por último, apenas merece comentar que el *águila* es ave tutelar dentro del sistema simbólico martiano. Su fortaleza, agilidad y majestad en el cielo, devienen en ganancia del espíritu humano. Al igual que en los Salmos, es aquí símbolo de regeneración espiritual (Sal 103.5). Esta *águila* dormida equivale en tierra al símil *como de entre malezas león dormido* ya comentado. De conjunto, la correlación *pecho-paloma-seno-águila-lecho*, resaltan el valor de la ternura junto a la virtud de la nobleza que prevalecen en el poeta. El entramado simbólico del poema está en función de estas ideas que seducen tanto como expresan.

Imagen similar aparece en el homenaje que Martí rindió a Alfredo Torroella, el dramaturgo cubano, tras su muerte, el 28 de febrero de 1879:

> Era aquel un buen poeta y un poeta bueno. Rebelde esclavo de la grave forma, rompíala a menudo, y decía en un giro prosaico el comienzo de una idea valiente que completaba con un hermoso giro. Cuando fruncía el ceño, veíase aún bajo el ceño la sonrisa. *Parecía fuerte águila que llevaba en el seno una paloma* (5, 85). [El subrayado del autor].

y en el *Cuaderno 22*, al hablar de sí, apunta: *yo no veo el águila, pero yo la tengo en mí —yo siento que puedo ser águila.* (21, 472)

Leemos, no obstante, los referentes, casi subrepticios, matrimonio y separación, dentro del contexto global del poemario:

> *Y tres años después, en donde mismo*
> *Saque del alma estos extraños versos*
> *Vi sin temblar la que amé temblando.*
> *¿Qué paso entre nosotros? Pasó el tiempo.*

La esposa e hijo, de quienes ha estado separado desde octubre 21 de 1880, no llegan a Nueva York sino hasta diciembre de 1882. Para la fecha, ya estos dos textos resultan epílogos de un matrimonio resquebrajado. Agréguese, que si la génesis de *Polvo de alas de una...* se ubica a principios de la década de 1880 —como se ha dicho—, esta segunda separación muy bien pudiera considerarse el motivo fundamental de estos versos y del estatus de esa relación. Martí ¿reconoce sentirse afectado? Sí. ¿Se sabe fracasado? También. A su mirar, ya no hay matrimonio, esposa ni hijo, a pesar de los intentos de la Zayas-Bazán que sobrevienen (entre diciembre de 1882 a marzo 24 de 1885, y de junio 30 de 1891 a agosto 27 de 1891). Tan consciente es de su descalabro matrimonial que se anticipa a comentarle a Mercado, en carta del 14 de septiembre de 1882: *porque al comenzar a rodar, se me quebró el eje de la vida.* — (20, 67)

El tópico de la esposa no es un elemento macrotemático de estos poemas, sino un recurso que amplifica la narrativa global del poemario, asociada a una de las tantas soledades del poeta:

> *Escribe:*
> *Escribe eso que cuentas.*
> *—Aún tengo las entrañas recién rotas:*
> *No puedo todavía!*

Quizás a estos versos correspondan esa nota de ruptura matrimonial definitiva y el impacto en su vida personal. De pronto Martí es incapaz de hacer tangible su experiencia. La palabra parece serle insuficiente para expresar sus desasosiegos más personales; confiesa tener *las entrañas recién rotas*. El tono dialógico de este madrigal bien resume las circunstancias familiares y de pareja que vienen agravándose por años, hasta alcanzar su clímax en agosto de 1891. Para la fecha, a la separación se suma la deslealtad de Enrique Trujillo, quien gestiona los pasaportes de Carmen y su hijo, de modo expedito ante el cónsul español de Nueva York. Entonces, se van sin su consentimiento y a escondidas. Nunca más vuelve a verlos.[34]

---

[34] Al parecer Carmen Zaya Bazán intuía una relación entre su esposo y Carmita Miyares a quien éste le dispensaba afabilísimas atenciones. Ante esa circunstancia —y las confesiones que descubre en *Versos sencillos* sobre otra mujer—, acude en secreto a Enrique Trujillo para tramitar —ante el cónsul español y a la brevedad posible—, los pasaportes de ella y su hijo para regresar a Cuba a poco más de un mes de haber llegado a Nueva York. Lo que a los ojos de la Zayas Bazán algunos estudiosos vinculan a un arranque de celos, queda mejor verificado en la carta de Martí a la familia Mantilla que dirige en términos tales como: *véame vivo y fuerte y amando más que nunca a las compañeras de mi soledad, a la medicina de mis amarguras.* (20, 225)

Al margen de este comentario, vale apuntar, que como en *Versos libres*, el tema del hijo aparece también en *Polvo de alas de una...* como salvador del padre:

> *Corazón, hoy me han dicho*
> *Que en esta pena anhelas hallar miel.*
> *Corazón: está quedo!*
> *Hijos me dio tu amor: morir no puedo.*

Sin embargo, este madrigal, recogido en el *cuaderno 6*, hay que releerlo en su contexto histórico e inmediato como parte de la totalidad que ha de caracterizar el decenio de 1880 martiano. El cuaderno corresponde a 1881-1882, años que densifican su crisis matrimonial, por demás, remachada a la ausencia del hijo. A este respecto, la pluralidad del vocablo *hijos*, se extiende a sugerencias muy metafóricas o abstractas en el horizonte de significados más amplios, tanto en lo personal como en lo público. ¿Quién es *corazón*, quiénes son los *hijos*? La impersonalidad que adelanta la frase: *en esta pena anhelas hallar miel*, por un lado, enfatiza el sentido general de un contexto que pudiera leerse como *un elemento relevante en la poesía martiana del exilio* (de Armas, E. *Un deslinde...* 119); y por otro, como una sugerencia a su atención a los hijos de Carmita Mayares, que luego se hace más esmerada tras la muerte de su esposo Manuel Mantilla y Sorzano en 1885: *como era natural que sucediera, cuando se mudó Martí a la casa de la viuda, puesto que se había quedado solo, tuvo que ayudarla con los niños* (Ripoll, C. *La vida íntima y...* 165). Cualquier lectura es posible en el marco de la función poética del lenguaje. Sobre lo que dice y cómo lo dice, queda abierto a toda interpretación, aunque gane la *pena* y el tono casi elegíaco que marca la desasida intimidad humana de estos versos.

El drama de la vida personal vuelve sobre el epigrama con suma precisión:

> *Yo sé cómo cae un fardo*
> *En tierra: yo lo he aprendido—*
> *Viendo cómo mi espíritu gallardo—*
> *En mitad de un seno ¡ay! ha caído.*

Estos versos de puro talante romántico enfatizan la carga emocional e individual del hombre resquebrajado. Revelan el tono triste y ubicuo que tejen la fisonomía trágica de la existencia martiana. Su carácter de peregrino, sin familia ni hogar, brota del seno mismo del oficio: *yo sé/ yo lo he aprendido*—dice. La experiencia del exilio subraya los vericuetos de una inestabilidad que llega hasta el cansancio; y tras éste, a la caída como *un fardo/ en tierra*. Con *fardo* se advierte aquí al viajero itinerante tan común al siglo XIX estadounidense. La imagen captura la intensidad emocional del artista en su momento de mayor fragilidad. Este *fardo*, esta caída del *espíritu gallardo*, solo pueden ser leídas como una clave del entero personal roto. Quizás, sea este el contexto (momento y lugar) que propicia encontrar cobija *en mitad de un seno*; metáfora que probablemente aluda a los cuidados de la amante anónima.

Como símbolo totalizador, *seno* está asociado a la ternura que mitiga la soledad, tanto como a las imágenes de intimidad. Este dualismo viene investido de esa mirada masculina que lo concibe como fuente materna y a la vez atributo de la sensualidad. En *Polvo de alas de una...* es ofrenda y refugio; elemento de protección suave y cálido, evocador del descanso que recorre la noche. Similares realizaciones se leen en los tropos *senos perfumados*, y, *en el seno de un águila dormía*, ligados a la idea de amparo y dulzura femenina. La expresión caer *en mitad de un seno* participa de toda esta lectura indispensable al poeta en medio de su travesía cotidiana.

Otro pasaje memorable es la escena marina de este texto que evoca una profunda sensación de pérdida y tristeza:

> *Ya cruza los mares,*
> *Ya el buque la lleva*
> *Donde nunca los ojos llorosos*
> *Podrán ir a verla:*
> *Oh nubes y vientos!*
> *Oh gaviotas felices que vuelan*
> *Y en los mástiles altos posadas*
> *A la dama del buque contemplan.*

> *Oh gaviotas que en torno a sus plantas,*
> *De plumas sin mancha,*
> *Por darle alfombra*
> *Sus alas despueblan!*

La imagen parece una secuencia cinematográfica. Ante los *ojos llorosos* del poeta se disipa el horizonte de toda esperanza. El *buque* que *cruza los mares* subraya la irrevocable separación. Es símbolo ligado al infortunio del artista; y en una lectura más amplia, del naufragio de su relación de pareja. Los vocablos *mares, nubes y vientos* adquieren una fuerte carga simbólica: alejan al ser amado a donde *nunca* podrá *ir a verla*. La naturaleza genera visiones arrobadoras en forma de *gaviotas felices*, metáfora de la alegría que se pierde para él; protagonistas de la libertad que se gana para ella. La imaginería evocadora capta el talante de un desgarramiento personal que, con delicado tono baudelaireano, queda metaforizado en esas *gaviotas* que *sus alas despueblan!*

A la pérdida filial corresponde también esta inusual pavana, aunque con énfasis, más que en una premonición, en el sentimiento mesiánico del que es partícipe desde la adultez:

> *De un padre que tuve*
> *Tan sólo recuerdo*
> *Que de mi cuna al borde sollozaba*
> *Cuando nací, como si hubiera muerto.*

No es este el *padre* que pierde al hijo por ausencia o ruptura matrimonial. Es el propio Martí en un acto de introspección, mirándose desde el interior de sus *visiones*. Viaja en el tiempo. Se observa a sí mismo en el pasado para justificar su presente. Su mundo ha tenido un ritmo diferente. Y aunque el discurso poético reseña una conexión familiar, ni siquiera la figura del *padre* —que solloza el *borde* la *cuna*—, es el motivo principal de los versos, sino la del ser predestinado a una muerte prematura: la ve, la ha visto siempre. Los versos son una porción de lo que percibe como realidad. Se sabe el hijo de un español —y lo que ello simboliza—, cuya referencia le permite reconectarse con su tiempo y su historia.

El pálido perfume de tu alma

Lo exclusivo del poemario no está en la nota familiar o matrimonial, sino en la dinámica que entreteje experiencias muy diferentes. Aquí la inspiración sigue el proceso de conformación de un poemario distinto a los conocidos. El poeta interpreta los acordes de una relación que lo devora, quizás como un intento de aliviar la soledad interior. Parece haber reencontrado el amor; pero el contexto resulta brutal, y supera toda ensoñación. La tristeza causada por el recuerdo de la felicidad es definitoria:

> *Cuando le digo adiós, se queda el alma*
> *De pálida y sagrada angustia llena,*
> *Como queda un palacio*
> *Cuando se ausenta de él la joven reina*

El misterio de la *amada* son estos poemas: crónicas del *alma*. La innombrable dama es causa de la *angustia* que sobrecoge al poeta. Pero Martí no habla de cualquier *angustia* sino a condición de vivir dos o varias soledades en una. Sabe que a la postre, la pasión está condenada a perecer junto con sus anfitriones.

La preminencia de la soledad —diversificada entre tristezas, privaciones y adiós—, conforma el gran campo semántico de la colección. A este propósito es llamado el símil que acentúa de continuo el estado de un alma en pena:

> *Vete—, bien puedes irte. Como deja*
> *Ancho el surco en la mar la nave hermosa,*
> *Así tu imagen en mi extraña vida:*
> *Vete, —y mi pena cuajará la espuma!*

Al goce, sucede el dolor, a la estancia, la ida. El ambiente exterior dispone. El *vete—, bien puedes irte* se traduce en autorenuncia vital. Asimismo, el motivo del *mar* evoca lo efímero del encuentro; simboliza un estado transitorio entre lo contingente y el drama social. Su expresión instantánea queda metaforizada en esa estela de la *nave hermosa* que sólo ocurre de paso. Todo gira en torno a la ligereza de ese llegar, estar e irse, que acontece sin dejar rastro. De ahí el vocablo *espuma* como referente a lo efímero de la relación. Añádase el tono coloquial de la frase *vete, —y mi pena cuajará la espuma*; acción e imagen que hace y deshace cuanto ocurre en lo profundo del ser y no en superficie. Hasta aquí, más que la figuración física, quedan las metáforas referenciales *amada mía, joven reina* y *nave hermosa* que evocan la tristeza de una compañía distante y perdida, de un gozo a medias, mejor definidos como: *así tu imagen en mi extraña vida*.

La configuración del mundo íntimo queda atrapada en la dualidad de lo transitorio y lo fugaz, de la sombra y el silencio. El *yo* lírico que en otras partes de la obra martiana se vierte al mundo sin reparos, cede aquí ante una existencia plena de tristezas, privaciones y adiós que definen al autor. Fluye a ritmos de lo que tiene por *extraña vida* y *extraños versos*, tantas veces sepultados por su biografía de azares y aventuras, según expone en este epigrama de cierre:

> *De mis versos ¿qué me queda?*
> *No te diré yo quién soy.*
> *Nadie lo sabe: yo voy*
> *Como ola ardiente que rueda.*[35]

El boceto de este texto, dedicado a Isabel Esperanza Betancourt, presenta la variante: *de mi vida ¿qué me queda?* El cambio del

---

[35] Como se ha dicho, este exquisito epigrama —que cierra La pena como un guardián—, fue erróneamente incluido por Gonzalo de Quesada y Miranda, como parte de la colección; pues desconoce que integra una décima (de once versos) dedicada, a la joven Isabel Esperanza Betancourt, hermana de Emma Betancourt, la esposa de Ignacio Ernesto Agramonte (hijo). Ver variante del poema completo en Apéndice X.

vocablo *verso* por *vida*, revela un significado de profundo talante íntimo, subrayando el hecho de que la poesía rehace realidades. El *verso* acontece desde la *vida* a modo de una instancia plena de argumentos, motivos y acciones. Dos vocablos claves, *verso* y *vida*, devienen en autorreferencias vitales del *poeta en actos*; del hombre al que nada *queda* tras duros acabamientos existenciales, sean de orden personal, amoroso o social.

El discurso queda urdido por la intriga del yo lírico: *no te diré yo quién soy./ nadie lo sabe*. Pareciera de repente como si el autor fuera ajeno a su yo poético. Pero el texto sugiere no ser artificio distinto de la *vida* y las circunstancias, sino esencia de voz (de decir en *verso*). Traduce un deseo del sujeto por querer explicarse a través de la entrelínea y lo sugerente. El valor figurativo, por ejemplo, de *ola* suele ser más complejo de lo que pueda parecer a simple vista. Su dinamismo (*ola ardiente que rueda*), expresa la energía de quien se deja arrastrar por una fuerza extraña como corresponde a este fenómeno físico. Casi siempre, el simbolismo de *ola* viene asociado al ritmo que sigue la vida, a sus acciones e imágenes —sean pasivas o violentas—, a veces sin graves problemas, pero también sin grandes alegrías; mientras que el epíteto *ardiente* carga con todo el potencial de pulsiones íntimas, desatadas de improviso; encarna la irrupción impetuosa e irregular de la *ola*. Ambos vocablos (*ola* y *ardiente*) se combinan para simbolizar una pasión y vigor recurrentes en este repertorio poémico, siempre privado, siempre secreteado en sí. Razón por la cual, sigue siendo lícito que este texto, en particular, cierre el poemario.

La fibra romántica queda, por otra parte, perfectamente estructurada en el siguiente epigrama donde el amor apasionado es motivo del verso:

> *Cuando viene el verso*
> *No se sabe bien:*
> *Pasas tú, —y el verso*
> *Pasa también.*

La misteriosa mujer que inspira el contenido lírico de este cuaderno es constante, tanto que lo marca como una especie de diario poético. Ella es protagonista; sin ella no puede el lector adentrarse en los recovecos emocionales que se sugieren. Hembra, pasión y verso dan la clave de la nota erógena en la que resuena una delicada tonalidad becqueriana. De ahí que el leguaje, descargado de cualquier artificio, sea muestra de la sencillez que acentúa la singularidad temática del poemario.

La fibra del romanticismo a lo Bécquer salta a la vista, aunque más en sentido lúdico que referencial:

> *Palabras? ya sé: palabras,*
> *No me las puedes decir;*
> *Pero mirarme, sí puedes:—*
> *Basta para vivir!*

Versillos de puro piropo o requiebro —como se le llamaba en el XIX—, este exquisito epigrama abrevia de modo sugerente y halagüeño, cuanto de incitante sensualidad inspira al poeta. Es una expresión gentil y divertida de coquetear con la pareja. De hecho, *palabras*, adquiere aquí su carácter simbólico en virtud de la carga lúdica y semántica que se le adjudica como vehículo de un mundo manifestado desde la prohibición: *no me las puedes decir*. Designa todas las sugerencias de posibles realizaciones según corresponde a su concepto comunicativo, ya sea en verso, inspiración o descripción de cuanto concierne al intimismo tácito de este texto que rosa el borde de la rima (XX) de Bécquer.[36] El poder de *palabras* queda de pronto eclipsado ante la magia de ese mirar que rehace el instante entre una realidad huidiza y un encuentro sublime. Pregunta y respuesta quedan convenientemente formuladas. El poeta no objeta la ausencia de *palabras*, si la prudencia aconseja no decirlas.

En la sencillez de cuatro versos, la fascinación de la mirada posee un gracejo especial *para vivir*. La amada se descubre en ese *mirarme*, que invita, que provoca, y donde sobran las *palabras*

---

[36] Rima X
Sabe, si alguna vez tus labios rojos
quema invisible atmósfera abrasada,
que el alma que hablar puede con los ojos,
también puede besar con la mirada

Gustavo Adolfo Bécquer

junto a todo lo demás. Exaltar la mirada de la hembra, casi al estilo del piropero del Siglo de Oro Español, sugiere la intensidad del encuentro. Pero, a diferencia de aquel, no habla del fulgor de los ojos, ni de sus semejanzas con luceros, sino de la mirada como preludio o primer contacto de un juego erótico. Suelta la imaginación. A Martí le parece el flirteo una forma sencilla de expresar sus sentimientos; especialmente por ese toque refinado y vibrante que marca la aliteración de los fonemas /s/, /ɾ/ y /r/ de principio a fin del poema.[37]

El intimismo se ofrece como refugio e invita a la armonía de mente y espíritu:

> *Surjo! —La noche llega, a mí la rima*
> *Retorna, y en la sombra que la encanta,*
> *Tu amor, como una torre, por encima*
> *De la callada tierra se levanta.*

El aspecto simbólico de este epigrama es claramente la de un cántico erótico. Martí disfruta de una intensidad desbordante que lo conecta a su amada en cuerpo y alma. A través de la pasión carnal, busca acceder a la plenitud del espíritu. Siente llegar la poesía cargada de todas las virtualidades de la existencia: *a mí la rima/ retorna*. La complicidad de *la sombra que la encanta*, es signo de la armonía sensual de los amantes. Ambos resurgen entre caricias y versos. El amor se declara recíproco y asume el carácter de una prueba tan real como espiritual. A la vez, el motivo de la *torre* combina el deseo satisfecho junto a la sublimación del encuentro; es símbolo de ascenso desde el silencio que la implica: *tu amor, como una torre, por encima/ de la callada tierra se levanta*. En este contexto, *torre* posee el sentido de peldaño que media en la relación tierra-cielo. Su naturaleza ascendente, sublimiza la consumación del encuentro. Al igual que en el *Cantar de los Can-*

---

[37] Resulta atinado observar que, respecto al tema amoroso, el piropo es un recurso retórico muy frecuente en *Polvo de alas de una...* Varios son los textos, cuyo tono desenfadado singularizan este cuaderno: (Aunque pases, pasa!; Que mis versos vuelan; Que de qué madera; Cuando viene el verso; [Papel, faltarme podrá]; [Y te apoyas en mi hombro...], entre otros), como parte exquisita del cortejo.

tares, torre es asociada aquí con la equidad y belleza femenina: *turris eburnea, turris libani* (Cnt 4.4; 7.5). La escena expresa, más que el sexo en pleno acto, las sutilezas de un eros tan refinado como espiritualizado.

Por propia confesión, la ternura siempre ascendiente, palpita en las fibras de este sabroso madrigal que presta luces a la manifestación del enamoramiento:

> *Como una enredadera*
> *Ha trepado este afecto por mi vida:*
> *Díjele que de mí se desasiera,*
> *Y se entró por mi sangre adolorida*
> *Como por un balcón la enredadera!*

La importancia simbólica del símil *como una enredadera* está ligada a esa situación de entresijos, verdadero referente de una reconexión interior para quienes se encuentran entrelazados. Los vocablos *afecto, vida* y *sangre* analogan este sentido desde un anonimato regente.

No en vano, la hechura del verso es una otredad desde el silencio; una revelación de vitalidades que interpela:

> *¿Mi cráneo? dices que saber te holgara*
> *Lo que anda dentro de él: pues llega y velo:*
> *Hay un mar de agua azul, serena y clara:*
> *Y desde que viniste tú, hay un cielo!*

El simbolismo de *cráneo* —homólogo a la bóveda celeste, tan recurrente en los versos—, incorpora también el de la cabeza en su función de centro espiritual y, por tanto, vendría a ser como el *cielo* del cuerpo humano. Más que sede del pensamiento, expresa la inefable unión de los amantes; el lugar de ocurrencias sublimes. Es símbolo igualmente del espíritu manifestado respecto al cuerpo, donde la palabra es caricia y los versos suspiros de enamorados. La invitación a explorar (*pues llega y velo*), abre la posibilidad de una visitación a la calma, traducida como metáfora de la vida, y en consecuencia, símbolo de una experiencia sublime diluida sobre la superficie de *un mar de agua azul, serena y clara*. El propósito confesado de Martí, no describe el físico de la amada sino cuanto de felicidad provoca su llegada: *desde que viniste tú, ¡hay un cielo!* La conexión *cielo*-amada-*mar* resalta el aspecto trascendente del encuentro. La sacralidad del símbolo *cielo*, posibilita al bardo acceder a la pureza de sentimientos e inspiración que articula sin reparos desde la intimidad de su propia existencia. Tras esta lectura, el sentido celeste de la imagen —junto la inmensidad del *mar*—, encarna una rara hierofanía. El movimiento que implica elevarse del plano físico al *cielo* equivale, sin dudas, al poder del amor.

El testimonio figurado de aconteceres reales, proyecta esa sensación de ingravidez solo experimentada desde el amor:

> *No leas en libros ajenos,*
> *Amores de gente extraña;*
> *Lee mejor los poemas que escribo*
> *En tu frente gentil con mis miradas.*
> *Y ve las de mirra e incienso*
> *Torres de humo azuladas,*
> *Que verde luz desde hoy que te he visto*
> *De mí se escapan como de una urna sagrada.*

A la prohibición de apertura, siguen dos actos que ocurren de manera simultánea: *lee* y *ve*. Tras ellos, se advierte que los *poemas* no van escritos en tinta sino en *miradas*; metáfora cargada de empatías y complicidades íntimas. Este lenguaje no verbal de las *miradas* seduce tanto como expresa. Implica una interacción única: confianza, consentimientos y deseos, sin necesidad de pronunciar palabras. Ese es el sentido primordial de *frente*, metonimia asociada aquí al ardor activo de sentimientos y emociones con respecto al cuerpo como figuración del ser y su carnalidad. La experiencia romántica se compara a una experiencia casi celestial a causa de la amada. En este adentro poético, el simbolismo de *mirra e incienso* van asociados al *humo*, elemento encargado de elevar al cielo esos *efluvios de amor* que emanan del poeta *como de una urna sagrada*: manifestación del afuera poetizado. La sutileza imperceptible de esta imagen, condiciona simbólicamente el carácter espiritual del instante en que se produce. El ámbito regido por la ingravidez de esas *torres de humo azuladas*, sugieren naturalmente la ascensión. Acto y color armonizan la emoción del momento: la hacen visual. El aroma perfumado, adquiere entonces valor de *verde luz*, mediatriz entre lo bajo y lo alto que opera como guía del espíritu y, por tanto, del ascenso de la vida tan anhelado.

Se advierte de continuo, la memoria de la amada, desde la vida, desde la muerte, como recurrencia del protagonismo poético:

> *Que de qué madera*
> *Mi féretro has de hacer? Pues yo lo hiciera*
> *De ella, de sus perlados*
> *Brazos, y de sus senos perfumados.*

Nada mejor para ilustrar la experiencia erótica que este finísimo madrigal, pleno de sugerencias al placer, la sensualidad y a la vida desde la muerte a causa de la amada. Los versos expresan esa armonía que propicia un salir de la mortal soledad del poeta. La voz se convierte en imagen. Se habla del amor manifestado y de su capacidad para abarcar el universo en que se contienen: belleza, deseo y afinidad, trasfundidos todos el en misterio de lo sublime.

La materia del *féretro* es el motivo de quien recrea, de quien imagina. Como en los textos de los sarcófagos helenizados, este madrigal se anticipa a narrar lo que fue la vida de este vivo difunto.[38] Registra el alcance ilimitado del amor. Grabado en *madera*, símbolo de la tierra, va el verso testimonial que ha de abrirle el acceso celeste. Muy naturalmente, la *madera* combina aquí sustancia, escritura, vida, y en especial, el comienzo de la ascensión.

Por su parte, el atributo *perlado*, de profundo talante modernista, es aquí una clara alusión al emblema del amor, a la mujer, y a esa propiedad talismánica que simboliza la perla tradicionalmente. De este triple simbolismo, deriva la sublimación contenida en *senos perfumados* que mitiga, con toda intención, el referente funerario contenido en *féretro*, y subraya de paso, la idea del ascenso. El poeta atribuye a la amada propiedades exclusivas de purificación; como si *brazos* y *senos* —uno ligado al blanco y otro al aroma—, cumplieran la función de envoltorio del cuerpo en su tránsito de vida al más allá.

---

[38] Uno de las grandes obsesiones martianas es la idea de sentirse muerto en vida: *he vivido: me he muerto: y en mi andante/ fosa sigo viviendo.* [Pc.Ec. I, 91]

La poesía nace del *cuerpo*. Martí resalta su bondad y respeto, sin importar que a menudo le genere una sensación de anhelos frustrados, muy al modo del espíritu romántico:

> *Aunque pases, pasa!—*
> *Muerto, aún verán que de mi cuerpo surge*
> *El pálido perfume de tu alma.*

Martí amplifica el momento amoroso como tópico textual, fruto de la experiencia íntima. Usa el verso como espacio catártico. Esta lectura se abre al debate sobre la identidad de la amada, su misteriosa presencia y rol en la vida del autor. En especial, cuando la condición de *muerto* queda eclipsada por el amor que trasciende la muerte física. La sutileza del *pálido perfume,* se desdobla en un acto espiritual, asociado al *alma* de la innombrable amada que *surge* del *cuerpo* del poeta como parte vital. El simbolismo de *perfume*, más allá de la muerte, evoca la permanencia del recuerdo y la esencia incorruptible del amor. Como el incienso, es una emanación del espíritu, encargado del elevar una rara plegaria al cielo en favor de los amantes.

El tono suave y melancólico de esta pavana, se mueve desde ese arrimo becqueriano que catapulta el talante sugerente de la poesía; sobre todo valiéndose en la facultad del símbolo para generar un estremecimiento apasionador. No ha de extrañar al lector sentir la impronta de los días españoles de Martí junto a la moda romanticona de la época. Ocurre que, en mucho de su imaginería, resuena la cuerda del sevillano a pesar de algunas de sus detracciones de ocasión: *ya lo de Bécquer pasó como se deja de lado un retrato cuando se conoce de cerca el original precioso* (5, 190). Ahora bien, este pensamiento —escrito a fines de 1890—, no debe prestarse a confusión; lo que desdeña Martí de Bécquer no está en su romanticismo, sino en la imitación burda y tardía de la poesía hispanoamericana que para entonces le parece *criada a biberón, con el suero alemán de Bécquer* (12, 263), o lo que *a posteriori* califica como *suspirillos germánicos* (21, 400). No niega lo anterior, en palabras propias, que:

> La emoción en poesía es lo primero, como señal de la pasión que la mueve, y no ha de ser caldeada o de recuerdo, sino sacudimiento del instante, y brisa o terremoto de las entrañas. Lo que se deja para después es perdido en poesía, puesto que en lo poético no es el entendimiento lo principal, ni la memoria, sino cierto estado de espíritu confuso y tempestuoso, en que la mente funciona de mero auxiliar, poniendo y quitando, hasta que quepa en música, lo que viene de fuera de ella. (5,190-91)

No hay exageración en resaltar la notable desproporción que muchas veces existe entre la biografía y el biografiado, toda vez que se omiten, edulcoran o falsean facetas del personaje en cuestión; especialmente de situaciones o de personas que formaron parte y tema de la propia obra que hoy se nos lega. Hay mucho drama que se mueve entre la figura pública y hombre íntimo, al punto de que su biografía puede ser completada o permanecer incompleta, únicamente desde la poesía:

> *Y tú, pobre mujer que sacudiste*
> *Las cuerdas duras de mi lira, ¡gracias!*

La brevedad de estos versos acentúa ese punteo de bordones vitales e íntimos que trascienden a tema dentro del mundo comentado del poemario desdoblado entre el destino y la sombra. El apóstrofe *y tú* se vuelve un acto de pura ganancia expresiva que define una especie de *captatio benevolentiae* a través de los versos. Su dinamismo aumenta la intensidad del discurso, ya que no interpela en busca de una respuesta como corresponde a toda actitud apostrófica. En este ámbito, parece resaltar la unidad semántica entre intimismo y obra en la que el hablante lírico es tan sujeto como objeto del verso. La interacción que implica la supuesta *pobre mujer* capta la esencia de una consumación poética específica. Solo si la vivencia tiene una razón puede ser concebida. Se abre entonces un diapasón de variaciones líricas de inconmensurable contenido semántico. Martí agradece y elige un vocablo que remite, no solo a la raíz misma del acto poético, sino que además establece su nombre como manifestación artística: lírica. Marca así su condición creador/vivencia, sujeto/objeto, poética/sentimiento hasta resumirlo en el sintagma *las cuerdas duras de mi lira*, de insondables resonancias homéricas como mismo ocurre en *Versos libres* al apelar a su condición de poeta:

> *Bardo ¿consejos quieres? Pues descuelga*
> *De la pálida espalda ensangrentada*
> *El arpa dívea, acalla los sollozos*
> *Que a tu garganta como mar en furia*
> *Se agolparán, y en la madera rica*
> *Taja plumillas de escritorio, y echa*
> *Las cuerdas rotas al movible viento.*
> [Pc.Ec. I, 67]

Idea mejor sintetizada en la brevedad de un apunte escrito entre 1880 y 1882: *...vibra mi cuerpo./ como una cuerda herida*. (21,242)

La singularidad de *Polvo de alas de una...* viene dada porque no se produce de un tirón, como sucede con *Ismaelillo* e incluso con *Versos sencillos* que no son secretos. Son poemas para gaveta, no para prensa, como lo son los *Versos libres* con quien comparte la condición de estar *donde mejor no se les ve* [Pc.Ec. I, 233]. Después de todo es Martí quien decide qué dar a conocer y qué no. Añádase el hecho de la forma —selecta entre madrigales, pavanas y epigramas—, para la expresión poética del tema amor *per se*, y asumirlo incluso al igual que *Versos libres como un ciclo más que como un libro*. (de Armas, E. Génesis y... 98)

La extrema intimidad de los poemas, a condición de secreto, fundamentan la decisión que hasta hoy les imprime ese carácter de *versos misteriosos porque no solo se desconoce cuándo fueron escritos, sino porque la experiencia amorosa que les dio origen también se desconoce. Su lectura demuestra que tal experiencia fue vivida intensamente por el hombre, y guardada muy celosamente por el poeta*. (de Armas, E. *José Martí. Polvo de alas de una...* 14)

A nadie dice Martí que existe. No hay mención a su confidente Mercado o nombre alguno en su papelería: ella solo existe en el sótano de los versos. Su negada visibilidad, por demás, sostenida en el tiempo, quizás alude a más de una *experiencia amorosa*, a más de una mujer: las de su vida y su intimidad—: musa/ refugio, amante/ sexo, amor/ placer. Las de este libro recorren los '80 neoyorkinos a hurtadillas. Sus imágenes se dibujan desde las sombras donde el poeta disfruta de instantes inolvidables. Ellas son las protagonistas de la que se ha de hablar en singular.

En tal caso el contenido de cada verso evidentemente se realiza en el plano vital del sujeto lírico que referencia en uno de sus apuntes la premisa: —*fundamental basis, basis in real life, for every poem.* (21, 263)

No puede entenderse entonces la exégesis del verso desligada de la biografía del autor al tratar el tema erótico. Mucho poemas y apuntes refieren experiencias de un febril erotismo que desborda cualquier encasillamiento ético que pudiera limitar su vida personal. Desde *Versos libres*,[39] *Versos sencillos* hasta *Polvo de alas de una...* hay infinidades de referencias a relaciones amorosas: *Eva me ha sido traidora:/ ¡Eva me consolará!* [Pc.Ec. I, 255]; o en los sintagmas *vulgar amor* (que *envenenan y ofuscan*), *damas de muestra, copas de carne;*[40] sobre los que concluye: *los dientes*

---

[39] Sobre el tema erótico en *Versos libres* Cfr. Mujeres, Hierro, Pomona, Amor de ciudad grande, [Yo ni de dioses...], Vino de chianti, o [Todo soy canas ya...], entre otros poemas donde hay una clara alusión al sexo:

> *Feria es el mundo: aquélla en blando encaje*
> *Como un cesto de perlas recogida;*
> *Aquélla en sus cojines reclinada*
> *Como un zafiro entre ópalos; aquélla*
> *Donde el genio sublime resplandece*
> *En el alma inmoral, cual vaga el fuego*
> *Fatuo entre las hediondas sepulturas,*
> *Ni fuego son, ni encaje, ni zafiro*
> *Sino piara de cerdos.*
> [Pc.Ec. I, 142]

[40] La imagen de la mujer a menudo comparada a una copa es frecuente en los *Versos libres*. Ello obedece a la concepción ética del autor para delimitar el amor verdadero del goce exclusivamente físico. Cfr. la *copa que pasa* o las *huecas copas* de, Amor de ciudad grande, o la *copa de cristal*, de Mujeres — símbolos del amor torcido y lujurioso—, frente a la copa ascendente y dulce, de Copa con alas. En poemas fuera de los *Versos libres*, Martí insiste en la misma imagen. Cfr. *las copas vacías*, de Baile agitado [Pc.Ec. II, 141], *la copa llena*, de Baile [Pc. Ec. II, 144] o la *copa ardiente*, de La copa envenenada [Pc.Ec. II, 151]. En esta lectura, copa no pierde su función utilitaria, tanto para libaciones profanas como en su dimensión más espiritual, adquiriendo un simbolismo que envuelve siempre el tema del erotismo contenido. Cfr Vidal, J.R. *Los versos libres de...* 263

duelen/ de comer de esta carne! [Pc.Ec. I, 67-68]; o el referente *de mi cuaderno al golpe/ ruedan las copas.* [Pc.Ec. II, 205]

Como *Versos libres, Polvo de alas de una...* queda reservada al consumo personal. Parafraseando la cita de Emilio de Armas, solo dos vocablos permanecen en la mente: reserva y respeto.

La poética de *Polvo de alas de una...* devela una fusión de resonancias afines a la atmósfera espiritual del poeta y la singularidad de sus circunstancias. Por momentos, tal parece un cántico de intermedio que asoma entre la *donna angelicata* y la *femme fatale* que tanto saturó al artista decimonónico:

> *Es rubia. Como el carro del esbelto*
> *Heclas de Olimpo, fúlgido y sonoro,*
> *Voy desde que la quiero, como envuelto*
> *En una nube de centellas de oro.*[41]

La belleza femenina es asociada tradicionalmente al epíteto *rubia*. Desde la mitología griega, incluso en la *Biblia*, dioses y diosas, ángeles y héroes, fueron rubios; color que es símbolo tanto de las fuerzas emanadas de la divinidad como de su belleza regia. Martí no escapa de esta impronta socio–histórico–cultural y lo lleva de continuo a sus versos, muy especialmente por considerar el cabello de la mujer como uno de los mejores acentos femeninos.

Como la *donna angelicata*, el poeta apunta hacia la sublimación de la doncella, no solo como mujer hermosa (*es rubia*) sino como símbolo de inspiración. El símil que estructura los endecasílabos, traslada los rasgos simbólicos del objeto al sujeto y de la inspiración al verso, dotando de mayor vivacidad la imagen y el sentimiento que mueven al poeta. Asimismo, el encabalgamiento desborda el marco de este epigrama para hiperbolizar la experiencia amorosa de modo enfático y vivaz. Figura que, por su ligereza y fluidez,

---

[41] Este poema originalmente está recogido en la serie La pena como un guardián, [Pc.Ec. II, 203] (1985 y 1993); también aparece en la edición impresa de Oc.Ec. 14, 356, (2007), bajo el acápite [*Versos sencillos* en hojas sueltas], catalogado como Versión de la primera estrofa del poema [XVII] que aparece en la página 322, de la misma. Sin embargo, fue excluido de la reedición de Oc.Ec. (mismo tomo y paginación), del 2012. Permanecen los octosílabos [XVII], pero no los endecasílabos de igual tema; otra de las grandes pifias a cuenta del CEM, de la que no se da razón alguna.

atañe aquí más al contenido semántico que al rigor de la métrica donde el autor combina dinamismo y expresión.

Según nota en [Pc.Ec. II, 209], los versos muy bien pueden relacionarse con los octosílabos del Poema XVII de *Versos sencillos* en los que rompe diciendo:

> *Es rubia: el cabello suelto*
> *Da más luz al ojo moro:*
> *Voy, desde entonces, envuelto*
> *En un torbellino de oro.*
> [Pc.Ec. I, 254]

para concluir: *vengo del sol, y al sol voy:/ soy el amor: soy el verso!* Cabe anotar, no obstante, que la disparidad métrica que discurre del endecasílabo a octosílabo en los poemas citados, pudiera ser indicio de textos trabajados en distintos momentos, cuyo tema probablemente fue pensado —en principio—, en un metro diferente del que fue publicado en *Versos sencillos* (agosto de 1891).[42] Todo parece indicar que los encabalgamientos y endecasílabos de *es rubia. Como el carro del esbelto/ Heclas*, fueron concebidos mucho antes de *Versos sencillos*, bajo la misma voluntad experimental que ensayó en *Versos libres* y *Polvo de alas de una*...

Ahora bien, el paralelismo de estos textos sirve tanto para establecer la similitud del tema como para la posible asunción de que *Heclas* en realidad es Helios (dios del sol) y que tal vez el *Heclas* de los versos martianos se deba a un error tipográfico, o quizás a alguna ambigüedad generada en la traducción del nombre griego al español —tan común—, que sigue marcando hasta hoy

---

[42] No debe obviarse que la mayoría de los *Versos sencillos* fueron escritos en agosto de 1890, durante su convalecencia en una casa de retiro, propiedad de Carmita Miyares, en las montañas Catskill, a 168 km de Nueva York; leídos en diciembre 13 de ese año —en la velada de homenaje a Chacón celebrada en la misma casa de la Miyares—; y posteriormente, publicados en agosto de 1891. Circunstancias, por demás, mediada por una larga separación de su esposa e hijo desde marzo de 1885.

las publicaciones.⁴³ De hecho, las *Obras completas* (26, 208), lo registra bajo el Índice onomástico, sin referencia alguna. Agréguese, que el mismo Martí parece trastocar nombre y mito a juzgar por la integridad de este apunte en uno de sus cuadernos: *del hombre: Heracles, Dios del sol. Su carrera es oscurecida, y a menudo estorbada, por las nubes* (21, 162). Resulta válido comentar que Heracles es nombre (héroe griego) de Hércules (su encarnación romana), y no *dios del sol*; tampoco, *en absoluto, un mito* (Grimal, P. *Diccionario de mitología...* XVII).

Si fuera el caso, Martí entonces se compara con el *carro* Helios, el dios solar de la mitología griega, representado como un joven pleno de virilidad y dotado de gran belleza; ambas cualidades contenidas en el epíteto *esbelto*. Se revela en primer lugar por la imagen de Helios conduciendo su *carro* entre el cielo y la tierra. El Himno homérico XXXI, tras una invocación de la musa, describe este pasaje como sigue:

> ... y el incansable Helios que es como los dioses inmortales. Mientras viaja en su carroza, brilla sobre los hombres y los dioses inmortales, y sus ojos atisban penetrantemente desde su casco dorado. Irradia deslumbrantes rayos, y sus relucientes rizos, que brotan desde sus sienes, elegantemente envuelven lo visible de su rostro: una rica prenda de hilado fino brilla sobre su cuerpo y revolotea al viento: y corceles lo llevan.
> Hymn 31 to Helios, To Helios (tufts.edu)

Martí embellece la referencia al mito al condensar en sus versos una historia que considera análoga a su vida. Lo rescribe al asumir la figuración y viaje del dios en el que se intuye su mirada íntima y el amor como metáfora de luz. Helios, cuyo epíteto Terpsimbrotos (*el que alegra a los mortales*), es símbolo aquí de una victoria personal. Su viaje se relaciona con la idea de muerte y resurrección. Según el mito, *recorre el cielo montado en un carro que*

---

[43] Cfr. Grimal P. *Diccionario de mitología griega y romana*, Prólogo a la edición española, por Pedro Pericay, V-VII.

arrastran corceles velocísimos.[44] Cada noche desciende al océano a descansar para luego emprender su viaje diurno, pleno de felicidad, a lo largo de la bóveda celeste.[45] El tema de este viaje célico, adquiere la forma de un sol errante (desde el saliente hasta el poniente) al modo de una sustancia luminosa, comúnmente representada en forma de fuego. Esta lectura simboliza uno de los más bellos mitos del ascenso y aspiraciones del ser. En los versos martianos, el poeta es llevado en un *carro, fúlgido y sonoro, sobre una nube de centellas de oro* que recrea el movimiento de toda la escena mítica. Los vocablos *fúlgido* y *centellas* se asocian a la naturaleza ígnea del mito recreado, mientras que *oro* lo hace desde su valor resplandeciente con toda la impronta del cromatismo impresionista. Por su parte, *nube* da ese sentido de ingravidez y de ascensión que sostiene la totalidad de la imagen. Representa, a saber, la superación de obstáculos terrenales o la distensión entre lo sublime y lo cotidiano. La rica aventura del viaje expresa un profundo deseo de satisfacción interior más que de desplazamiento. Martí viaja en sí mismo, creando un contexto evocador de emociones en el que es más importante el viaje que el destino. El verso es cántico de alegría a la felicidad que experimenta: *voy desde que la quiero, como envuelto/ en una nube de centellas de oro.*

Salvado el símil de matiz exegético, pudiera resonar en todo esto la imagen del viaje del profeta Elías que fue llevado al cielo en un *carro de fuego* en medio de *un torbellino* (2Re 11-12), trasunto que resume los varios elementos manejados en los versos martianos (*carro, fuego, torbellino, nube*); máxime, por el hecho de que el *carro de fuego* de la *Biblia*, es un tema recurrente y de profundo significado espiritual. A diferencia de la cultura helénica, su simbolismo es asociado tanto al viaje celestial como a la presencia divina que acompaña y protege. En caso martiano, este *carro de*

---

[44] Grimal, P. *Diccionario de mitología griega y romana*: Recorre el cielo montado en un carro que arrastran corceles velocísimos, llamados Pirante, Éoo, Aetón y Flegonte, cuatro nombres que evocan, cada uno, la idea de llama, fuego o luz, 235.

[45] En la *Teogonía*, de Hesíodo, se anota: *Helios resplandeciente, con sus rayos, pone la vista, cuando al cielo sube o desde el cielo desciende*, 26.

fuego es simbiosis del estado de ánimo que experimenta entre felicidad, alegría y espíritu.

Encontramos ahora una pavana que armoniza tanto en brevedad, como le es propio a este tipo de versificación. El poema parece minúsculo en su afán de sintetizar la imagen idealizada de la amante. Vocablos como *miradas*, *vestidos*, *arruga* y *alma*, nos dejan el reflejo de una silueta misteriosa que solo discurre desde las pupilas del verso:

> *Logré sus miradas:*
> *Toqué ligeramente sus vestidos:*
> *Ni una arruga en ellos,*
> *Ni una arruga en tu alma!*

El poema rompe con una afirmación categórica: *logré sus miradas*. La *mirada*(s) es expresión de un intercambio consensuado, dotado de toda la magia seductora que implica a ambas partes. Carga con las pasiones; fascina y seduce tanto a sí mismo como a quien se mira. La *mirada*(s) es el vehículo que mejor capta los motivos de la inspiración, a la vez que las virtudes y contornos con que el poeta dota a su amada. Tiene que ver con las *visiones* martianas, con ese *ver antes* en cuanto símbolo y principio de revelación. Es, en efecto, el acto que hace desde el secreto toda la colección.

Esta *mirada* permite extender la función simbólica del resto de los elementos del poema. Es así, que el vocablo regente *vestido* (s) no refiere únicamente un atributo extraño a la naturaleza del ser que lo porta, antes bien, es indumento expresivo de una realidad esencial que no designa solo el cuerpo sino además la pureza y pertenencia de quien lo lleva. A primera vista, parece un detalle de poca importancia; no obstante, el poeta se complementa en él: *toqué ligeramente sus vestidos*. Semejante gesto simboliza un reencontrarse en la amada más allá de cualquier apariencia engañosa. Implica una rara forma de sanación y bienestar emocional. Martí resemantiza —salvando la distancia—, las referencias bíblicas sobre el *toque del vestido* con similar sentido de alivio físico-espiritual. Tocar el vestido (s) es el punto de contacto para poner en operación el inicio de un encuentro tan anhelado que igualmente reanimará su vida íntima. Vestido (s) es también símbolo visible del ser interior: *ni una arruga en ellos*. Esta declaración implica fuerza vital y es signo de que se comparte la misma experiencia personal. Proviene de un nivel de intimidad compartida sobre sentimientos, dolores, alegrías, sueños y miedos. Al respecto, el vocablo *arruga* refiere un estado espiritual, no físico: *ni una arruga en tu alma!* Nótese cómo la anáfora ennoblece el sentido de los versos más allá de la sintaxis: *ni una arruga.../ ni una arruga...* La identidad que se establece entre el elemento gramatical y el contenido semántico subraya la inexistencia del defecto, del que solo el poeta que conoce a su amada puede notar y hablar.

   Las pulsaciones del amor, aunque secretas, animan el imperativo de ahuyentar la soledad. El poeta enamorado va del eros al silencio poetizando el estado de su tristeza:

> *Pues digo que el ajenjo*
> *No es más amargo*
> *Que un amor que no puede*
> *Salir al labio.*

Este es uno de los epigramas más bellos de la serie. El enamorado se revela al enunciar los versos con el particular *pues*, que a todas luces encarece el deseo inevitable de la amada ausente. Afirma la intensidad de un pensamiento tan lacerante como recurrente. El poeta expone la relación que se considera inapropiada ante la mirada ajena. Conversa su verso a través del categórico y singular *digo* que los implica a ambos. Se sabe correspondido, pero no puede mostrarse ni entregarse con libertad. Anda oculto y secreto. En consecuencia, *ajenjo* designa toda ausencia de dulzor. Aparece asociado aquí al recuerdo más que a la esperanza, a la incertidumbre más que al porvenir. El valor de esta planta algo aromática viene condicionado por ser símbolo de amargura, y, en especial, por el dolor que provoca la ausencia del ser amado. En el plano íntimo, tal vez diríase que simboliza una rara pulsión reprimida, solo confesada en versos por el simple hecho de no poder *salir al labio*. Esta sola idea autentifica el carácter de secreto consensuado del poemario. El *amor* queda a merced del *labio* que retiene. Martí insiste en esta imagen con similar registro semántico a lo que considera en un apunte como *labios de lacre* (21, 464); metáfora referida, no al icónico pigmento bermellón del sello, sino a labios sellados como una forma de asegurar la privacidad.

El sentido de la privacidad responde al imperativo del respeto. Como se indicó anteriormente, hay episodios tan reservados de su vida que sus biografías solo pueden ser completadas, o al menos comprendidas, desde la poesía. A menudo se descubren experiencias envueltas entre metáforas e imágenes. En este sentido, el verso no es lógico, es pulsión vital que nace del propio drama del sujeto lírico y la complejidad de lo innombrable que solo puede captarse desde una percepción de conjunto (que es, vivencia en poesía, confesión en verso):

> *Papel, faltarme podrá:*
> *Cielo donde escribir lo que me inspiras*
> *Nunca me faltará!*

El oficio poético intensifica las imágenes que vemos, leemos y sentimos a través del paladeo de los vocablos. Dos espacios se imponen para empalabrar la inspiración de este mínimo epigrama: *papel* y *cielo*; el uno atañe a lo terreno, el otro a lo espiritual. Ambos conectan al ser con el misterio que dicta la poesía como lectura infinita del mundo. Una otredad se atiene a *escribir*; Martí lo sabe: es vehículo ante la amada que abrevia en sí la tríada poeta, poesía y poema. De ahí, el término *inspiras* [del latín *inspiratio*: prefijo *in-* (adentro), sufijo *tio* (acción), y *spirare*: respirar], vinculado con la experiencia creativa, para denotar que la inspiración, como el aire a los pulmones, entra en el hombre y lo guía hasta hacerlo creador.

Las penas y gozos del hombre son sus penas y gozos; y en Martí parecen no haber cesado. Hay episodios muy discretos solo biografiados desde el enigma del verso. Hay que mirar dentro de la palabra para desentrañarlos:

> *Oh ven, oh ven: tú dejas en mi vida*
> *Una casta blancura de alabastro*
> *Y esa doliente claridad perdida*
> *Que da en la noche silenciosa un astro.*

Dos cosas deja la amada en la *vida* del poeta: una mezcla de alegría y dolor contenida en la imagen *doliente claridad perdida*. Los versos revelan una vivencia casi de rapto amoroso, sucinto y expreso en el uso del símbolo *astro*. La idea de ese *dejas en mi vida*, de ese dar *en la noche silenciosa*, sugiere el éxtasis de un encuentro intenso y placentero. La pasión es asociada tanto al cuerpo celeste *astro* como al terrenal *alabastro*. Son tropos afines, animados por una razón a la vez natural y misteriosa. Ambos participan de la trascendencia y de la luz. La disposición de los versos revela un intermedio muy sutil que marca el ascenso y descenso, ya en forma física, ya en la *casta blancura de alabastro*. Por conjunción copulativa, *astro* encuentra su par terrestre en esta piedra de fina apariencia traslúcida. Nótese el reforzamiento cromático que la dota de una función simbólica, inherente a la piel o al cuerpo entero de la amada: *casta blancura*. Lo mismo *astro* que *alabastro* entrañan no solo los valores abstractos de belleza y luminosidad sino también las tendencias más eróticas en la imaginería del poeta. Algo que ya ha evocado el poema Con un astro la tierra se ilumina, de *Versos libres* [Pc.Ec. I, 106].

El sujeto lírico fundamenta su creación poética desde su relación con el amor en tanto inspirador y hacedor de la escritura:

> *Mis pensamientos*
> *Pensando en ella,*
> *Retozan, saltan,*
> *Matizan, juegan,*
> *Como corderos*
> *En yerba nueva.*

Maravillosa crónica del pensamiento en las que la génesis del amor es génesis del verso. Palabra e imagen se conjugan para vivificar una experiencia de lectura tan lúdica como festiva, marcada por la sucesión de los verbos retozar, saltar, matizar y jugar. La escena se amplifica con el símil *como corderos/ en yerba nueva*, que conjuga la dulzura, pureza y simplicidad, tanto en virtud del amor como de la frescura de la inspiración. Dos vocablos resumen esta idea: *cordero*, símbolo de pura inocencia, a causa de su comportamiento, y quizás, hasta de su color blanco; y *yerba*, símbolo de todo lo curativo que devuelve la salud y la virilidad, según la tradición.

El verbo saltar es una realización de la espontaneidad creativa que rige *Polvo de alas de una…* Sus variantes *retozan, juegan, estallan*, junto a *levada, levantarse, resurge* y *subir*, siempre van asociadas al *pensamiento* que crea y se expande:

> *En chispas, como el fuego,*
> *Mis versos saltan.*
> *Así contra la roca*
> *Las aguas azules quebradas estallan.*

Tan sencillo y conmovedor es la brevedad de este cántico epigramático que parecen la idea continuada del proemio a *Versos sencillos*: *a veces ruge el mar, y revienta la ola, en la noche negra, contra las rocas del castillo ensangrentado* [Pc.Ec. I, 233]. El ambiente en que se crea la obra describe la esencia de una poética donde la naturaleza emerge, desarrolla y estructura todo el sistema simbólico martiano sin dejar nada fuera de su espectro: *chispas, fuego, roca, aguas*. El *verso* como la naturaleza deviene un ser viviente que configura, agrupa y sintetiza cada elemento de la realidad circundante.

Al cierre de la sección *Polvo de alas de una…* aparece un epigrama que rige la línea amorosa hasta aquí comentada. El poema es como un aparte íntimo que puntualiza un recorrido emocional desmigajado en imágenes y experiencias, a veces de misteriosa belleza, a veces de terribles desamparos:

> *Libro de amor, que se cierra*
> *Sin nube, mancha ni ocaso,*
> *Fuente pura, limpio vaso,*
> *Vete a consolar la tierra!*

Este *libro de amor* sella el encuentro de los amantes: es repertorio de vivencias, de imágenes, de instantes. Se identifica con *vaso*, hiperónimo especialísimo que define una relación semántica de hiponimia —con respecto a *fuente pura* y *libro de amor*—, al señalar de modo exclusivo cuanto es considerado continente de confidencias únicas y privadas, de pasión y vida espiritual. Cerrado, *libro* porta el secreto de los pensamientos y sentimientos del poeta. Su tema es el de las caricias, el deseo amoroso y la fusión sensual ejercidos como necesidad natural.

El tropo *fuente pura*, integra amor y sexo a una vida verdaderamente humana. Es el *libro* cargado tanto de gozos y vitalidades como de la belleza *sin nube, mancha ni ocaso*. Estas tres particularidades se combinan hasta conformar una imaginería tan variada y al mismo tiempo la más coherente con la intimidad del sujeto lírico que una vez confesó en tinta privada: *todos hemos tenido deseos de saber lo que hay debajo de esta cáscara de huesos—*. (21, 129)

El mandato *vete a consolar la tierra* es el epifonema de un estado del ser poético, una comunión entre el poeta y la sustancia que habita en sus versos, un algo misterioso que no termina de concluir y donde hay poemas, pero mucho más, hay poesía. El *libro de amor* propone *como remedio de mal de amores al amor mismo*;[46] especialmente por ser registro autógrafo al modo del *libro de la vida, que es también el más difícil de leer*. (21, 386)

De modo que una aproximación al *amor* tan directa como la referida en *Polvo de alas de una gran…* no requiere de exégesis intermediaria —a fin de cuentas, la sencillez del amor lo es todo en la intimidad del ser. Pero hay curiosidad y gusto por saber. Siempre se imagina al Héroe ensimismado en las labores de pa-

---

[46] Ripoll C. *La vida íntima y secreta de José Martí*, 107.

tria, o escribiendo un artículo al pie de la escala real de un barco a punto de zarpar, vestido tal y como lo muestran los retratos, con el traje sobrio propio de la época en que vive; pero pocas veces se describe como un ser de carne y hueso.

Polvo de alas de una... es libro de vida, un sitio de encuentro capturados en versos. Quien quiera que haya inspirado estos versillos evidencia las dejaciones de Martí ante una existencia tan lacerante como incompleta. Delimita además un espacio del otro: lo social de lo personal, lo público de lo privado y la incompatibilidad entre ellos. Las referencias en la obra martiana lo confirman de continuo: *la poesía es la lengua de lo subjetivo permanente. —Dolor o amor consignado en prosa —vuela! —¡En verso sincero y sobrio, —queda—!* (21, 222)

La moza infame

Numerosas biografías se empeñan en contabilizar las mujeres y amores de Martí a lo largo de su vida. El inventario nominal va desde las Cármenes, la Rosario, La Bella Otero, la misteriosa M., etc., hasta la novelada historia de La Niña de Guatemala. Otras, simplemente subrayan en exceso la beatitud como virtud martiana. Por lo demás, hasta hoy el tema no queda aún superado. Basta con asomarse a su artículo Impresiones de América (por un español muy fresco), escrito para el diario neoyorkino *The Hour*, el 21 de agosto de 1880, para leer de su puño y letra sobre alguna que otras andanzas por las selvas de Centro América:

> Empecemos esta vez por una curiosa confesión. Este es el único país, de todos los que he visitado, donde he permanecido una semana sin sentirme especialmente atraído y profundamente prendado de alguna mujer. Hasta en Southampton, durante una luminosa media hora, vi una dulce muchacha, nos quisimos, y nos dijimos adiós para siempre; hasta que cruzando una magnífica tierra, la costa atlántica de Guatemala, donde, como una Venus coronada, saliendo de un río cristalino—una flexible, esbelta, pero voluptuosa mujer india, se mostraba al viajero sediento en todo el encanto majestuoso de una nueva clase de impresionante y sugestiva belleza, amé y fui amado. (19, 115-16)

Martí goza del encuentro casual con tanta intensidad como es posible testificarlo en letra y confesión: *hasta en Southampton, durante una luminosa media hora, vi una dulce muchacha, nos quisimos, y nos dijimos adiós para siempre.* El énfasis que introduce la preposición *hasta* como preposición con sentido de *incluso*, sintetiza esa idea gozosa de que se habla: *nos quisimos*, dice desde la espontaneidad de la vibra que inspira a ambos casuales sin que ello implique un compromiso o relación afectiva *a posteriori*: *y nos dijimos adiós para siempre*, concluye. Martí sabe que sin erotismo no hay poesía; en particular dentro de un contexto vital, sea a través del verso, un personaje o de la narrativa autobiográfica. Desea referir con toda intención y mirada personal las escenas de que gozó.

En su segunda parte, el fragmento evoca el placer del sexo sin llegar al ripio literario que siguen algunos patrones de la literatura erótica. Huye del lugar común y del perjuicio de la falsa moral, recreando un escenario idílico desde donde brotan las pasiones que seducen al autoproclamado *viajero sediento*. Martí goza de la voluptuosidad a través de la contemplación de la hembra que conjuga la *donna angelicata* con la *femme fatale*: ambas aparecen al mismo tiempo.

Cada vocablo enaltece el deleite del acto erótico. La sensualidad de la *venus coronada, saliendo de un río cristalino*, es imago de una escena erótica que el poeta adereza con los epítetos *flexible, esbelta,* y *voluptuosa mujer india*. Es a partir de esta sucesión descriptiva que cualquier referencia sexual deviene para el lector en exquisito placer estético. Intención, sugerencia y mirada definen la abundancia semántica del texto. Porque es diferente o porque hay una conexión inexplicable, Martí no va a la descripción física del acto consumado *per se*. Sencillamente cierra a modo de un epifonema que llega a sorprender por su osadía, lo mismo ayer que hoy: *en todas partes, un alma de mujer ha venido a bendecir y endulzar mi vida exhausta* (19, 116). Quizás a ello obedezca la confesión de *tanto pecado mío escondido* autoreferenciado en el proemio a *Versos sencillos* [Pc.Ec. I, 233]. aunque también pudiera extenderse al contexto de la moral victoriana, tan determinada contra la prostitución que —dicho sea de pasa—, no le fue ajena a Martí; o más preciso aun, a la *femme fatale* de moda entre los escritores y artistas finiseculares. Acaso, una rara referencia sobre el particular en *Polvo de alas de una…* sea este enigmático epigrama:

> *Toma este hierro, — y a la moza infame*
> *Que oscureció mi espíritu soberbio,*
> *Para vergüenza de mujeres frívolas*
> *Márcale bien la frente con el hierro!*

¿A quién va dirigido el apóstrofe: *toma este hierro*? ¿a un amigo, al lector? ¡Quién sabe! No sorprende, por otra parte, que el texto parezca versar sobre la prostitución (*la moza infame, las mujeres frívolas*), señalada como culpable de un delito moral contra la sociedad. Para el siglo XIX martiano, el modo en que se presenta va asociado al aspecto seductor de la hembra en su dimensión más corrupta: socorrida y vetada a la vez. En esa tesitura, la marca ha de lucir en la *frente*, metonimia que —por tradición simboliza el lugar a dejar un beso como gesto de afecto y respeto—; aquí se puede observar con cierta resonancia bíblica asociada a la prostitución (Ap. 17.5). El manejo del lenguaje facilita esta interpretación, en especial los vocablos *oscureció* y *soberbio*, a los que complementan *infame, vergüenza y frívolas*, asociados a la perdición, el pecado y la muerte espiritual del hombre. La imagen resultante de los versos, bien puede resumir lo que Martí considera *la vida desdibujada, la pasión morbosa, los deseos ardientes y angustiosos de la vida neoyorquina*. (19, 117)

Al encarar los placeres de la carne, muchas veces le gana el moralizador al poeta. Varias son las referencias en *Versos sencillos* a través de los valores simbólicos de *Eva*; en *Versos libres*, confesiones tales como: *los dientes duelen de comer de esta carne* [Pc.Ec. I 68]. Siquiera, no puede obviarse el hecho de que la *femme fatale* —la *Eva* martiana—, aparece al mismo tiempo que las musas del artista decimonónico. Esa mujer irreverente, creadora de ensueños, que enloquece al hombre con su belleza y desdén, es también la misma que inspira cuadros y poemas a lo largo del siglo. Su aterciopelada fatalidad, lleva al hombre a contagiarse de amor, para amarlas primero, y odiarla después. De modo que no tendría por qué pasar inadvertido en *Polvo de alas de una…* como tema también concurrente.

Como mariposas

Los tropos *mariposa, alas, polvo, vuelo*, son manoseados de continuo entre versos y epístolas que marcan el lustro 1880 a 1885 sin importar la variedad de sus expresiones. En el poemario se manifiestan portando en sí la noción general de ligereza y ascenso en el espíritu. Esta nota, tan netamente evocada, inviste cada uno de estos elementos de un carácter liberador por excelencia. Expresan la naturaleza sublime del viaje hacia el cielo y el deseo por trascender toda rigidez de la condición humana.

En carta a Mercado con fecha 12 de abril sin precisar el año escribe lo que a todas luces parece aludir al valor simbólico de *mariposa* como cualidad espontánea de la creación artística:

> No me engañe!: de seguro que Ocaranza dejó mucho bosquejo sin concluir, alguna terneza no bien terminada, algún polvo de alas de mariposa no bien desleído en lienzo. (20, 73)

Ivan A. Schulman, al referirse a *mariposa* en *Símbolo y color en la obra de José Martí*, concluye que:

> La mariposa implica ingravidez y espiritualidad; sin embargo, no puede decirse por esto que Martí pretenda, por medio de esta formulación simbólica, la defensa o la expresión de una doctrina de frivolidad artística, sino, simplemente, que la mariposa representa las tenues y tiernas formas artísticas. (Schulman, I.A. *Símbolo y color en...* 111)

Ciertamente la espontaneidad emotiva marca ese producir el verso de *Polvo de alas de una...* de un modo singularísimo en voz y ritmo que encarna la figuración de *mariposa*:

> *Que mis versos vuelan*
> *Como mariposas*
> *Pequeñas e inquietas:*
> *¡Ay! quédate, y verás la maravilla*
> *De una mariposa*
> *Que cubre con sus alas*
> *Toda la tierra.*

Frescura creativa es lo que evoca *mariposa* más allá de la sensiblería romántica. Martí explora la posibilidad de un dinamismo versal desde lo mínimo. Su afán experimental sorprende al dejar correr sobre encabalgamientos, la longitud del verso para reforzar mensaje e intención. El pensamiento, desprovisto de metáforas elocuentes y figuraciones retóricas, vuela *como mariposas/ pequeñas e inquietas*. Se ajusta al tema y al yo lírico que interpela la cercanía del lector. Y si bien devela pasión e inspiración, es precisamente a través de esa rara y gozosa simplicidad que es el amor figurada en la *maravilla/ de una mariposa/ que cubre con sus alas/ toda la tierra*.

Con *Polvo de alas de una...* Martí ensaya una voz y un ritmo distintos que rozan el enfoque minimalista del lenguaje como parte de su concepción experimental; defiende la concisión de la escritura. Se revela el compromiso por distinguir un estilo lírico único:

> *Causa pasmo a la gente*
> *Mi breve estrofa—*
> *¡No vi jamás en larga línea recta*
> *Volar las mariposas!*

Con certeza, *mariposa* es de las grandes metáforas que fundada en su metamorfosis recorre la poética martiana, según abrevia el poeta en la antítesis de rico sabor emersoniano, ya expuesto en Estrofa nueva, de *Versos libres*:

> *el mundo*
> *De minotauro yendo a mariposa*
> *Que de rondar el Sol enferma y muere.*

El sustrato mitológico de estos versos expresa un profundo simbolismo sociohistórico encarnado en la alusión clásica de *minotauro*: símbolo de batallas espirituales, muchas veces desesperanzadoras. Tal imagen, parece como si el mismo hombre (*el mundo*) se apresurara como la *mariposa* a la muerte de tanto *rondar el Sol*; significando, además, lo efímero de la vida.

Pero, *mariposa* es mucho más que representación de *tenues y tiernas formas artísticas*. Es símbolo del amor, a juzgar por el contenido semántico que define, *in extenso*, poemario y título. Inspira y hace el verso a la vez. Martí no ve en ella una figura decorativa, realizada en la palabra, sino el modo de expresar y ser partícipe de la realidad misma. Semánticamente, tiene que ver en mucho con la espontaneidad amorosa y el marcado erotismo de los textos; en lo formal, con la variedad métrica y estrófica que conforman el *corpus* lírico de este manojo de poemas, y en lo funcional, con el verso como vehículo de una expresión muy personal. Su imagen anuncia una visita o una espera o un ir al encuentro del ser amado. Encarna, además, el espíritu viajero del poeta enamorado que se desdobla precisamente en *alas de mariposa, mariposa de colores, mariposas pequeñas e inquietas, mariposa azul*. Su vuelo fresco, grácil y expresivo, es portador de esperanza y plenitud espiritual. Expresa, en su totalidad, afirmación de un hombre auténtico. Es, en fin, símbolo liberador de pasión e inspiración.

Quizás por sus vistosos colores está asociada al espíritu y su desarrollo, en particular, a la idea del ascenso en el amor:

> *Que piense? No pienso!*
> *En ramilletes y en coronas surge*
> *De un alma enamorada el pensamiento.*

Impulso y motivación definen el sentimiento amoroso que embelesa al poeta. La espontaneidad del *pensamiento* que *surge/ de un alma enamorada*, hace a los versos catárticos en su función y balsámicos en su efecto. Martí siente exteriorizar algo tan purificador como calmante al mismo tiempo.

O en este enigmático epigrama que parece evocarnos a Copa con alas de *Versos libres*:

> *Ayer, al darme al sueño, como en nube*
> *Venir te vi, y luego hermosa y grave*
> *Subir en paz, como el incienso sube*
> *Del blanco altar a la espaciosa nave.*

Este darse *al sueño* es un viaje en sí mismo, una aventura individual al margen del contexto cotidiano. Revela lo que la vida exterior rehúsa permitir al poeta. Es la escena de un gran drama. Implica un deseo irreal que anhela hacerse realidad: *venir te vi*. El poeta desea soñar menos y ver más. La sublimación de la amada ausente se presenta *hermosa y grave* presidiendo una sucesión de imágenes que capturan la efímera magia de la visión onírica. Cada verso se recrea en una suerte de hierofanía de amor en vocablos como *nube, paz, incienso, blanco, altar* que viabilizan ese *subir/ a la espaciosa nave*. La variedad de términos que denotan un contenido religioso, amplía la intensidad de los sentimientos del poeta y su motivación. La inefable serenidad del *sueño* y la visión eleva el encuentro en el espíritu de los enamorados al modo de una experiencia sacralizada solo reservada al misterio gozoso que es el amor:

> *Oh ya puedo morir: la he conocido:—*
> *Brilla, este amor, envuelto en blancos velos*
> *Como un ramo de estrellas suspendido*
> *En la región serena de los cielos.*

La experiencia personal del amor suele ser la más sublime, la más excelsa, la más elevada. El poeta reconoce la luz que alimenta su alma en la figuración de un *ramo de estrellas suspendido/ en la región serena de los cielos*. La majestad totalmente pura y brillante del amor se presenta como una visión supraterrenal que totaliza pasión, vida y trascendencia. Es fuente de deleites. Pero esa realización, trasunto del alma enamorada, solo en el marco del verso es alcanzable:

> *Me han dicho que la estrella*
> *Que yo esperaba*
> *Ha pasado de noche:*
> *¡Una magnífica estrella blanca!*

La amante desempeña el papel de *estrella* en el universo individual del poeta, así como de una inmarcesible y distanciada belleza. A condición de haber *pasado de noche*, encarna el aspecto efímero de una relación determinada por su valor de transitoriedad. Su figuración celeste corresponde exactamente a ese carácter de fugacidad y silencio absoluto. Con ser *blanca* y *magnífica*, queda suspendida entre ausencia y presencia. Asimismo, su magnificencia ilumina el sentir que brilla en el vasto mundo del verso, evocando el anhelo más íntimo y vulnerable del ser: el amor. Martí lo sabe, lo dice:

> *Murmurando versos*
> *Paso por la tierra:*
> *Así pasa el aire*
> *Quejoso por las suaves madreselvas.*

La armonía del susurro define el *paso* y la voz del poeta que solo atina a murmurar *versos*. Aunque en otros momentos disfruta haberlo tenido todo, esta pavana singularmente comprende la simbólica general del poemario en cuanto al halo de misterio personal (del *verso*), la censura social (del *paso por la tierra*) y tristeza (del *aire quejoso*) que lo envuelve. Sugiere la vida circundada de una madeja (*madreselvas*) que precisa evadir, aunque sin poder lograrlo del todo.

La voluntad de definir como propia su creación, se añade a uno de los más insistentes reclamos de Martí en toda su obra escrita:

> *De estos versillos*
> *Nadie se queje:*
> *A veces es un mar el que rebosa*
> *Y una alondra que pasa es otras veces.*

Martí advierte sobre la autenticidad de sus inspiraciones con sobrado tono de autoridad. Previene y anticipa: *nadie se queje*. Observa que es poesía libérrima, descolocada del canon académico, según la encara. La define desde la idea del desbordamiento: *es un mar que rebosa*. Conforme a esta analogía, *rebosa* no evoca aquí la figuración de una marejada como suele ocurrir en altamar, sino al *mar* agitado en la orilla; intenso, desbordante, sonoro. Su empleo es habitual en ese contexto. La imagen bien puede sugerir un desafío a la censura social, al formato literario vigente, o sencillamente, es una clara señal del querer exponer la intensidad de un estado anímico. Cualquiera que sea la intención, el poeta experimenta la invasión de un sentimiento que desea derramar de adentro hacia afuera (en el sentido etimológico del término rebosar, del latín *reversāre*).

A este propósito sirve también la *alondra*, símbolo de la felicidad desencarnada que asciende. Es un arrancamiento de la tierra en alas. Evoca la altura, el espacio infinito. Su vuelo se traduce en inspiración y libertad; su canto, en gozo y alegría. El remonte de la tierra al cielo y luego su descenso, hacen de esta ave un signo sublimado de la poesía que articula los polos de la existencia humana: abajo y arriba. Como observa Gastón Bachelard, la alondra *es un ejemplo clarísimo de imagen literaria pura*.[47] Resume en sí el goce de un espíritu romántico *que pasa* queriendo consolar al poeta. Será, como dato curioso de este comentario, un símbolo potente para las siguientes generaciones de poetas en tanto alegoría de inspiración y libertad creativa.

En el espacio poético martiano, *un mar el que rebosa/ y una alondra que pasa*, son imágenes de la libertad inmediata; partícipes de la vida: grave y ligera. Una y otra vez, Martí dinamiza su concepción del verso; lo hace actual como expresión de su mundo espiritual: a veces *mar*, a veces, *alondra*. Ambas acumulan la fuerza, creatividad, y el tono del imaginario lírico de *Polvo de alas de una...*; quizás, el libro más reservado de todos.

---

[47] Bachelard G. *El aire y los sueños*, 101.

Alas

El símbolo *alas* es de los más recurrentes de la poética martiana. Define en mucho su sistema de valores éticos y espirituales. Al decir de Emilio de Armas, *su significación se resume en el verso empieza el hombre en fuego y para en ala*, de Contra el verso retórico y ornado,[48] de *Versos libres* [Pc.Ec. I, 121], o en su argumento, cuyo valor formativo precisa en artículo para *La Nación*, Buenos Aires, el 15 de agosto de 1883:

> Bueno es saber de coro a Homero: y quien ni a Homero, ni a Esquilo, ni a la Biblia leyó ni leyó a Shakespeare, —que es hombre no piense, que ni ha visto todo el sol, ni ha sentido desplegarse en su espalda toda el ala. (9. 45-46)

Al decir de Schulman:

> La génesis del símbolo *ala* descubre un procedimiento estilístico recurrente, en el que el principio de analogía espiritualiza los atributos naturales y físicos de un objeto y les presta un valor abstracto y simbólico. (Schulman, I.A. *Símbolo y color...* 121)

En el mundo martiano, *alas* es símbolo auxiliar del poeta, y aun más generalmente, de su estado espiritual: su mensajero. Es el elemento que posibilita el ir y venir de la tierra al cielo. De ahí la idea de que también se tenga como un tropo del alma desasida de la pesantez humana.

Pero no siempre *alas* permiten remontar el vuelo. A veces su imagen matiza el rechazo de la sociedad; la incomprensión de que es objeto el poeta: *las alas tienen punta, -y cuando las tiendo, y rechazadas, vuelven a mí, en mí se clavan.—* (21, 197). Martí siente que la obra es como un viaje de tránsito entre el mundo real y el imaginario, donde él, como viajero, se convierte en objeto y sujeto, profeta y mártir, de sus propios anhelo y revelaciones.

---

[48] Cfr. de Armas E. *Un deslinde...* 66.

En el *Cuaderno 7*, aparece esta curiosa nota sobre el proceso creativo:

> La prosa tiene alas de hierro, y tarda en venir. La poesía tiene alas de mariposa, y viene pronto.
> Por eso parece que se quema a toda luz.
> No porque, mariposa eterna, va en busca de la luz eterna, ¡no ha llegado todavía!
> ¡Y la poesía valerosa avanza, arrastrando, arrastrando sus alas! (21, 211)

Alas, símbolo que en principio alude al cielo en la poética martiana, en *Polvo de alas de una...* adquiere otras connotaciones. Es elemento de movilidad íntima que por su misma naturaleza sugiere júbilo, eros y la sublimación del amor por excelencia. En este caso, se traduce en versos serenamente apropiados para exteriorizarse a sí mismos. Llegan a relacionarse con la libertad personal, a la vez que con todo lo que para el poeta debe permanecer oculto. Es un símbolo íntimo para versos íntimos.

La ingravidez imprime el carácter esencial de *alas*, particularizado desde el mismo título como elemento vivo del poemario: es símbolo de espiritualización personal. Alas representa ese aspecto sutil que media entre el cielo y la tierra: el de la ascensión tan deseada, el del viaje, el de la esperanza. Cada referencia se realiza en aperturas notables que sirven para fijar los motivos del poemario desde la concurrencia donde *un perfumado/ lirio blanco y azul sus alas abre*; o en las *gaviotas* que a la amada *por darle alfombra/ sus alas despueblan!;* o en la *mariposa/ que cubre con sus alas/ toda la tierra*; o en *las gotas del claro rocío/ que os brilla en las alas;* o en esa nota de imagen: *un alma surge/ que con alas tendidas a mí viene*; hasta llegar a la exhalada exclamación: *ay! —me parece que cierra/ sus alas una paloma!—*.

En *Polvo de alas de una...* a veces se siente la corriente del *aire* que producen las *alas* en la conjugación de los verbos *pasar, surgir (resurgir), rozar, saltar, cruzar, elevar, escapar, subir* y *levantar*, para indicar el acto del vuelo mismo; otras, el efecto de ascender en sustantivos como *incienso, humo, perfume, alma* y el singularísimo *efluvios*; íntegramente ligados a la imagen de una experiencia espiritual totalizante que Martí define como *leer alas!*— (22, 147).

Súmense también los elementos que participan de la relación tierra-cielo. Se trata manifiestamente de *torre, mástiles, vientos, plumas, cima* y *monte* en cuyo seno se revela al individuo queriendo trascender el momento y lo contingente. Todos expresan en sentido figurado el valor de la verticalidad: altura y elevación. Tal es además el empleo común de los tropos *nubes, estrella, astro* y *cielo*, manifestaciones directas del fenómeno trascendente: sus referencias. Se emplean aquí para significar las aspiraciones espirituales dentro de la esfera celeste.

En el poemario, *alas* es elemento sensible de la vida invisible. Su función semántica permite echar a volar los pensamientos que armonizan la relación amante-amada desde el anonimato de ambos. Esta imagen combina las pulsiones que van del eros a la sublimación del alma. Numerosas variantes exponen este cuadro de analogías, vistas como el revoloteo *pronto* de una *mariposa*, o bien, asociadas a las figuraciones de *paloma, garza, águila, gaviotas, ruiseñores* y *alondra*, paradigmas de la nota de ascenso y expansión espiritual. De conjunto, *alas* revela ese producir de impresiones íntimas que participan del amor, la sutileza del aire y la libertad del vuelo. Estas connotaciones resumen la felicidad desencarnada del hombre y del artista que la presentan como apertura de una voluntad personal que le da vida a la obra. Es, en fin, símbolo tutelar de este repertorio poémico, donde el poeta se ha vuelto ligero y libre.

Que mis versos vuelan

El intitulado *Polvo de alas de mariposa*, por Gonzalo difiere del tentativo martiano: *estos versos son polvo de alas de una gran mariposa*. El albacea enuncia, sobre el conjunto de versos que compila, a partir de una lista abocetada por el poeta; mientras Martí lo hace sobre el grado de unidad íntima que refieren. Prefiere mostrarse desde los sentimientos que forman parte de sí: *estos versos son*. No duda manifestar sus sentimientos sea en *polvo* o en *alas*. Este par simbólico expresa el fundamento de una estética: el *polvo* fortifica la función de *alas*. El uno, encarna la esencia del lenguaje; el otro, la ligereza del vuelo; y ambos, la ascensión en el ámbito creativo. Solo si se presta atención a la pluralidad de *estos versos son* es posible la comprensión del conjunto poemático desde la totalidad que los implica.

El apocopado *gran* posee un significado enfático especial sobre *mariposa*, toda vez que esta simboliza el alma del poeta escapando de su envoltura carnal, y en ese acto, el deslizamiento del símbolo a la imagen ocurre en forma de *una gran mariposa* que sale del cuerpo del poeta:

> *Que mis versos vuelan*
> *Como mariposas pequeñas*
> *Dicen, que pase*
> *Como un arroyo ciego*
> *Sin reflejar la flor prisionera*
> *Que a mi orilla asoma.*
> *¡Dile, subiendo, a la gran naturaleza,*
> *Que el curso de las aguas cambie!* [49]

---

[49] Versos no incluidos en [Pc.Ec.] 1993. Incluidos por de Armas E. *José Martí. Polvo de alas de una...* 63. Otra versión que aparece en Oc.Ec. 15, 15 (2007) con vocablos ilegibles y añadiduras donde se marca con asteriscos. Cfr. también Apéndice Z.

> *Que mis versos vuelan*
> *Como mariposas pequeñas*
> *Dicen que hay,* que pase*
> *Como un arroyo ciego*
> *Sin reflejar la flor prisionera**
> *Que a mi orilla asoma.*
> ¡Dile, subiendo, a la gran naturaleza
> *Que el curso y [...] de las aguas cambie!*

El símil encarna una asociación que implica vivacidad y frescura, lo mismo en la concepción del verso que en su carga semántica en la que dinamismo y concisión es un rasgo estilístico que define la literatura martiana lo mismo en poesía que en prosa. La aparente pequeñez de *mariposas* deviene en símbolo de amor y, en cuanto tal, vuela cargada de afecto y pasión.

La metáfora *arroyo ciego* amplía la imagen del ser autolimitado ante la metáfora sensibilizadora *la flor prisionera/ que a mi orilla asoma*. La profusión de vocablos en sentido figurado (*mariposa, arroyo, flor, naturaleza, agua*) hace de este texto una metáfora de continuada unidad tropológica conforme al espacio vital del poeta y sus limitaciones personales. Cada uno revela un grado de adhesión semántica al momento que describen. Los *versos* demandan al poeta pasar (*sin reflejar*) para evitar dar a conocer la musa que se *asoma* e inspira. Y aunque el uso alegórico de *flor* suele ser diverso e indefinido, equivale aquí a ese límite cuyo principio está en la conciencia personal del poeta: la *flor* sin nombre.

Del *dicen* impersonal al imperativo *dile* se genera un cambio de tono marcado por el apóstrofe que responde a un contexto tan real como íntimo; un contexto de renuncias personales en pos de la figura pública. El poeta apela a la *gran naturaleza* para cambiar el *curso de las aguas* en lo que puede considerarse un conflicto de carácter personal frente a una realidad como es y no como desea. El simbolismo de *agua* encarna precisamente ser fuente de vida. Su fluidez puede reducirse a ese tema junto a la idea de regeneración corporal y espiritual toda vez que se opere el cambio deseado por el poeta.

Por otra parte, en sentido genésico el vocablo *polvo* es una clara alusión lo mismo a la fuerza creadora que a la condición de renuncias. Resulta curioso el uso de este símbolo más allá de la naturaleza material del concepto. Igual a *la copa cinérea*, de *Flámeo*, *polvo* señala el aspecto residual del sacrificio de sí, y por lo mismo, la ofrenda que es la palabra. No solo se dice en *Génesis* que el hombre deviene del polvo, sino que su posteridad se reduce al polvo: *Pulvis es et in pulverem reverteris*. Por extensión, implica un abandono total de la vida privada, asociada a la acción de sacudir el polvo. Traduce una ruptura completa con cualquier pasado y todo lo que representa: familia, amor, amistad.

Conviene distinguir, sin embargo, que al evocar por su ligereza el origen del hombre, además de sus renuncias, reviste como símbolo el cuerpo del poeta asceta. Precisamente por esto, el contenido semántico, sea religioso y figurativo, suele ir más allá de cualquier aproximación física y visible del símbolo en su función cultual y personal: son desechos íntimos e innombrables. Este *polvo* como escamillas de *alas de una gran mariposa* se compara al eros martiano en relación con el cortejo. De hecho, la mariposa como insecto, pertenece al orden de los lepidópteros, que significa *alas escamosas*, cuya función está asociada, entre otras, al enamoramiento de la hembra:

> *¿Qué niño recién puesto en blanca cuna,*
> *Qué mariposa azul habrá que lleve*
> *A ti este amor más claro que la luna*
> *Sobre un prado cubierto por la nieve?*

La especificidad cromática contenida en *blanca cuna* y *más claro que la luna* totaliza el espíritu del poeta encarnado en la figuración *mariposa azul*. La tonalidad simbólica de las imágenes contiguas *niño*, *cuna* y *luna* son la pureza y la transparencia. Ambas definen los valores que denotan *blanca* y *claro* como los atributos espirituales que estructuran los versos. Asimismo, el referente *luna* está asociado a la luz en igual sentido: trasunto de pureza. Es de notar, sin embargo, que *blanca y claro* aparecen suspendidos entre ausencia y presencia como sinónimos de intermedio. Es el blancor traslucido que muestra que aún nada se ha cumplido. Tal es precisamente el sentido inicial de la imagen del *niño recién puesto en blanca cuna* y las virtualidades de *luna*. No se puede describir mejor la soledad del poeta.

Conforme a esto, símbolo y color concurren por analogía con *azul* para definir la hermosura y el júbilo del poeta. En su valor más absoluto esta *mariposa* de color *azul*, aligera su vuelo sin importar los embates que implican el *prado cubierto por la nieve* como si se tratara de una continua evasión del contexto socio-personal donde el deseo por la amada quiere transformase en realidad.

El empleo de *azul*, tan luminoso y veraniego, va cargado de optimismo, sueños y ansias por concretar: es confesión del deseo. Suele ser el más profundo e inmaterial de los colores asociado a la bóveda celeste, a veces tan incesable, a veces tan cercano. Tradicionalmente, es reservado para iconografías por su refracción de la luz. Al igual que la naturaleza, el poeta lo presenta hecho de transparencia, de vacío acumulado, y en su valor absoluto, el más puro por analogía al simbolismo de blanco tratado dentro los versos. Es el pigmento que mejor matiza la colección.[50] En él la mirada se desvanece sin encontrar obstáculos hasta perderse en lo indefinido, al modo de una perpetua evasión, de ensueños recreados. Implica en sí la levedad del espíritu. Conjuga a la vez *sin exceso de ninguna de las tres, sentido, música y color* (22, 102). Aplicado a *mariposa*, aligera toda carga y forma. Es el color de la verdad del poeta: su lapislázuli lírico, en virtud de la relación cielo-tierra y las referencias continuas de ese ascender al cielo en calidad de enamorado. Con *azul* la *mariposa* deja de ser *mariposa*: se desmaterializa hasta desvanecerse a causa de su traslucidez célica y el imaginario martiano que lo dota de total exaltación frente a los valores de este mundo y sus ansias de libertad personal y espiritual: *y el alma/ halle su marco natural, —el cielo*.

En este sentido, el vuelo de *mariposa* expresa un deseo de sublimación a la vez que de superación de conflicto personal; sin embargo, queda como sustituto irreal del acto al preguntarse el amante: *qué mariposa azul habrá que lleve/ a ti este amor*. Símbolo de pasión, el vuelo de la mariposa sugiere aquí el apetito carnal del añorado encuentro. Nótese que en cada vuelo las *alas* liberan feromonas llamadas por el poeta *polvo* desde el propio título del libro. La imagen del vuelo realizada desde la forma

---

[50] La iteración de azul y sus variantes sugieren la idea del infinito, de una tranquilidad supraterrenal. Envuelve al poeta en los lindes de una evasión que domina la colección por completo. Azul porta en sí, las alternancias día y noche que dan ritmo a la vida del poeta: *sobre la llaga ardiente, un perfumado/lirio blanco y azul sus alas abre; Y ve las de mirra e incienso/ torres de humo azuladas; Así contra la roca/ las aguas azules quebradas estallan; Hay en el cielo, como el mar, paisajes/ de oro y azul; Hay un mar de agua azul, serena y clara; Qué mariposa azul habrá que lleve/ a ti este amor más claro que la luna; Oh que hermoso será un muerto/ tendido en el paño azul/ de los cielos; Y en la noche de mis bodas/ vi que era un cesto de cintas azules.*

verbal *lleve*, es expresión legítima del acto que quiere consumarse. En medio de esta escena, llevar *amor sobre un prado cubierto por la nieve* es presagio de alegría. De hecho, la frigidez que implica *nieve* contrasta con la pasión de los amantes contenida en el simbolismo de *mariposa azul*. Expresión de la dualidad de lo alto y lo bajo, *nieve* cuya esencia es agua y polvo, contiene esa fusión sutil de espíritu y materia que mueve al poeta. Romance y *nieve* se vuelven inseparables, a modo de un intermedio entre eros y materia, entre acto y espíritu, que pretende aquietar el impacto del entorno en que se vive.

Vista de modo general, *mariposa azul* sugiere una pasión tan espiritual como carnal. Entiéndase aquí el acto sexual como vehículo para demostrar amor y no como finalidad egoísta. Un artículo escrito para *La Nación*, con fecha septiembre 24 de 1888, así lo precisa:

> Conviene al amor nuevo la soledad de los hoteles abandonados de la montaña, y el magnífico fuego de que en el rojo otoño las laderas se revisten. Van persiguiendo los novios la mariposa azul, por entre las veredas del bosque de color de sangre, bajo el silencio del cielo. (12, 52)

La concurrencia cromática del pasaje presenta un verdadero santuario en estado natural para los amantes. Hay una estricta equivalencia semántica entre el *rojo otoño*, la *mariposa azul* y el *silencio del cielo* que fusiona el contexto tanto físico como espiritual asociado a un encuentro de pura pasión.

Otra referencia se lee en este curioso apunte escrito también en 1881: *la mariposa azul es la vestal del aire*. La definición discurre de manera especial sobre la pureza de espíritu que entrega incontables alegrías. Incluso el término *vestal* en su sentido estrictamente romano, no abandona el atributo luminoso que le es inherente a causa del símbolo fuego, según la historia que la envuelve. Existe una variante de significaciones diferentes, entre ellas la de ser ofrenda y purificación: *vestal del aire*. Como referencia, provee calor y mantiene la vida nutritiva del poeta sin ser fecundante. La integridad de la frase evoca el recuerdo íntimo de la amada que llega suspendido en el *aire* desde lejos. Pero no se trata de una lejanía en la distancia sino desde el espacio público. Las sutilezas son constantes. Acarrean las exigencias de entredichos muy estrictos en referencia al acto sexual. La *vestal* sobredimensiona quizás el alcance de un sacrificio permanente en lo personal. Lo dicho hasta aquí queda mejor resumido en los versos que siguen:

> *Reluce el mar; ¡Dios mío!*
> *¿Cómo en mitad del férvido verano*
> *Siento yo tanto frío?*

El arrebato lírico que produce el amor oculto resume el tema de la colección; especialmente al tratarse de la incompatibilidad entre lo público y lo privado; de ahí la magia del encuentro que discurre de continuo entre los versos. Sobre el particular, escribe en uno de sus cuadernos hacia [1881]: *y tantas cosas nobles como pudieran hacerse en la vida! Pero tenemos estómago. Y ese otro estómago que cuelga: y que suele tener hambres terribles...* (21, 160)

Nótese el tratamiento metonímico en *ese otro estómago que cuelga* y sus *hambres terribles* para referirse al cuerpo sexuado del poeta desdoblado en palabras y actos. Es evidente la necesidad de seducción y erotismo en el centro de la escena íntima, puesto que, como individuo se trata de un ser unitario biológico, psíquico y social. Martí no parece distinguir amor y sexo en cuanto a dos valores que fundan la relación de pareja, pues el uno implica al otro. Ahora bien, no es el acto físico el que más importa sino la significación que produce en la imaginación del poeta:

> *Cuanto pudo ser, ha sido:*
> *Qué me importa lo demás?*
> *Si el amor es todo mío,*
> *Del vaso que se me da?*

Este mínimo y reservado epigrama, tal vez sea el que mejor vibra con la atmósfera circunstancial dentro de la colección. Su potencia liberadora hila la relación entre lo social y lo personal, sea festivo o satírico como corresponde a este tipo de composición. Tiene precisamente la excepcionalidad de sintetizar en una expresión sensible toda la intimidad del poeta. Puesto en perspectiva, permite establecer que *Polvo de alas de una...* canta al amor como un todo, carnal y espiritual, sexual y emocional, pasional e individual.

En tanto unión, el sexo vehiculiza el apaciguamiento de tensiones; de ahí el lenguaje erótico que aflora para expresar la armonía de dos seres en uno. Adviértase el tono dubitativo que marca el signo de interrogación al cierre de los versos, en especial del último: *del vaso que se me da?* El poeta cuestiona, pero no niega. Y aunque se trata de un rasgo estilístico adquirido del inglés, ese signo final marca con cierta ironía lo opuesto de lo que, en realidad, se quiere decir, se piensa o se desea. Para los amantes, la figura social del sujeto lírico genera un conflicto que tensiona la intimidad. La noción del *cuanto pudo ser*, *ha sido*, precisa los encuentros alejados del dominio público. Asimismo, la conjunción condicional *si* presenta un escenario de sexo consumado: *el amor es todo mío,/ del vaso que se me da?* Estructura, incluso, la imaginería de impulsos vitales, tanto en el plano personal como en la sutileza del poema que sugieren una unión tan íntima como espiritualizada en, y desde, el amor.

Interesa distinguir la imagen de *vaso* que a diferencia de su afín *copa* en *Versos libres*, es símbolo aquí de una fuerza o tesoro escondido. Es el recipiente que desborda *todo amor* y donde tienen lugar las más diversas realizaciones que median entre pasión y vida, entre sociedad y prejuicios.

Por paradójico que parezca, más de una vez se percibe en la literatura martiana la polivalencia del símbolo general *mariposa* como una liberación que puede ser espiritualizante o materializante:

> ¿Y si la mariposa bate las alas? ¿Y si vuela ¡caprichoncillo insecto! hacia otro sol más vivo que el primero lo sedujo? ¿No puede hombre y mujer equivocarse? ¿Ha de pagarse con el malestar de toda la vida la vanidad de no querer confesar un error? Vale más desgarrarse un poco el alma, cuando se está aún en época de cura, que arrastrar dentro del pecho sus jirones rotos, cuando no se está ya en época de curarse. Ni cabe

aducir excesos de imaginación, que la razón queda siempre libre, aun en medio de esas mágicas nubes azules y rosadas. No ha de fundarse con la imaginación lo que ha de resistir luego los embates de la razón. La razón es una piqueta: la imaginación otra mariposa? (21, 234)

Este apunte aparece en el *Cuaderno 8* presumiblemente escrito entre 1880 y 1882. Para entonces, las desavenencias con la esposa comienzan a mellar la relación y a posponer lo inevitable: la ruptura. Se sabe que varias separaciones mediaron desde 1880 hasta la definitiva del 27 de agosto de 1891. A partir de esta fecha, nunca más vio a su hijo ni a su esposa.

De enfermos no me digas

Comentario aparte merece este madrigal que, de repente, emerge entre los poemas. Su presencia expone el anhelo de la acción libertadora de un gran sector de la emigración cubana en suelo norteamericano. Resume, a saber, el pensamiento del período más intenso de la vida pública e íntima martiana. Se trata de la voz que reclama sin admitir quejas:

> *De enfermos no me digas*
> *Ni de moribundos:*
> *Sino de tanto bravo sin ejército,*
> *Sino de tanto muerto sin sepulcro!*

Este es uno de los madrigales que por el tema no encaja en la colección y merecería figurar entre los poemas de la emigración que tanto marcan los versos de circunstancias y el tono de los *Versos libres*.[51] La intensidad del texto revela lo sensible del asunto en la vida de Martí. Recuerda el acento de los grandes discursos o proclamas que hicieron vibrar a Tampa y Cayo Hueso. Se trata de uno de los textos de verdadera expresión lírica común al destierro durante el decenio de 1880.

Debe ser también comprendido en su dimensión de guerra interior; pues no es solo un testimonio sobre batallas históricas, sino también la lucha que el individuo libra en medio del exilio. De ahí el aspecto simbólico de la guerra y el sentido de la construcción anafórica que introduce los versos *sino de tanto bravo sin ejército/ sino de tanto muerto sin sepulcro!*

El paralelismo que estructura la sintaxis se verifica en el plano semántico. La carencia de *sepulcro* es arquetipo de la falta de morada del *bravo* y del *difunto*, tan necesaria como la misma casa habitada durante la vida. Implica el doble sacrificio de estar sin vida y sin lugar de descanso. Ambos términos (*bravo* y *difunto*)

---

[51] Según Emilio de Armas, los *versos del destierro*, llamados por Martí también poesía de exilio, *dan testimonio de este círculo de amor y entrega que crecía en torno suyo, y que al cabo habría de identificarse con la virtud colectiva que hizo de la emigración uno de los más genuinos exponentes de nuestra nacionalidad.* (de Armas E. *Un deslinde...* 108-09)

encarnan el prototipo del héroe que, junto a sus hazañas y muerte, resumen la pureza con que se escriben los versos de la historia. Poseen, de hecho, un simbolismo considerablemente importante en la figuración del *Homagno*,[52] de *Versos libres*. Martí identifica en ellos la potencia del espíritu moral para desafiar al adversario: son sus oponentes. Por consiguiente, *bravo* y *difunto*, representan la unión de la fuerza espiritual y terrena, a la vez que la complejidad del conflicto sociohistórico del decimonónico cubano. El poeta utiliza estas imágenes para establecer correspondencias con el exilio y elaborar una especie de polemología patriótica. El poema encuentra amplios resonadores en los versos tachados de Hierro, en *Versos libres,* que precisan: *si del día penoso a casa vuelvo... ¿casa dije? No hay casa en tierra ajena!...* [Pc.Ec. I, 169], o en la frase que remacha en carta a Mercado, el 6 de julio de 1878: *¡mi patria está en tanta fosa abierta, en tanta gloria acabada, en tanto honor perdido y vendido!* (20, 53)

Atendiendo al plano formal, la variedad rítmica que combina heptasílabos y endecasílabos en este epigrama, distiende, *in media res*, el ámbito de *Polvo de alas de una...*, sea para dar cabida a temas específicos como la patria y el amor a la libertad, o bien para establecer de modo exclusivo la modernidad del poemario en lengua española; especialmente al tratarse de un tipo de composición que luego permeó el modernismo, aunque sin el compromiso social que define la poética martiana. La lectura y tema de este epigrama es inherente al concepto martiano *poeta en acto*: detalle ausente en el resto de los modernistas.

---

[52] *Homagno*, neologismo martiano que significa hombre magno. Cfr. sobre la dimensión semántica de este neologismo Vidal, J.R. *Los Versos libres de...* 67-84

Epílogo

Polvo de alas de una... es un libro que repasa los accesorios de la tristeza y la necesidad vital de exteriorizar una verdad íntima, aunque sea a sí mismo. Con un lenguaje simple, como simple es el amor, compila versos que nunca estuvieron a la vista ni en boca de nadie. La singularidad de esta aventura poética, nos pone en la perspectiva de entender al poeta en sus propios términos; desde un quehacer discreto, incompatible con el medio desde donde escribe.

Colección interesante y provocadora; inscrita en un marco que pone en perspectiva a un Martí del que aún nada debe darse por sentado. Misterio que se renueva en cada lectura tan poética como distinta de la cruda realidad. No interesan siquiera las sugerencias de metáforas y símbolos tanto como los sucedidos vitales que acompañan su naturaleza dialogante y confesional. Se revelan sentimientos e intimidades de quien nadie, más que su autor y su amada, son testigos.

Al momento de encarar estos versos, Martí lo hace a sabiendas de que cualquier referencia a la amada quedará siempre bajo el halo misterioso de la innombrable. ¿Por qué esa voluntad a exprofeso? Sobran especulaciones y faltan certezas, sin dudas, todas sujetas a la función lúdica y sugerente de la poesía. Por años, mucho se ha escrito sobre otros temas, por estudiosos que cierran ciclos vitales sin aportar argumento alguno. Obvian cualquier sugerencia a intimidades más allá de lo considerado permisible, que pasan y repasan de unos a otros. La misma Carmita Miyares, tras la muerte de Martí, se suma también a instruir ocultamientos. Al contestar una carta a Quesada —fechada en New York, septiembre 29—, lo hace en estos términos: *Gonzalo le repito que vea bien esos papeles y ponga mucho cuidado con lo que se publica, ya Ud. sabe lo que he querido decir.* (Sarabia, N. *La patriota del...* 74)

Como comúnmente ocurre con la obra escrita de Martí, todo lo publicado *a posteriori* ha servido para iluminar lo ya conocido junto a ciertos aspectos de su vida: ocurre con la totalidad de su papelería. Pero, en el caso de *Polvo de alas de una gran...*, a causa de la fragmentación y el olvido durante décadas, sucede lo opuesto: el misterio ha aumentado. No intentan estas notas resolverlo (pues misterio es hasta hoy), sino leer los versos como imágenes inmanentes de vida. Resulta imposible referenciar nombre alguno de mujer. Ni críticos ni lectores lo saben. Pero sí, que cada símbolo, figuración o metáfora (sea en su aspecto espiritual o material), parten de un centro de experiencias tan vividas por el hombre como recreadas por el poeta. El uno, oculta a la mujer, y el otro, todo lo conoce de ella. Así, de una dimensión a otra (de lo corpóreo a lo íntimo, de lo público a lo privado), la mujer física adquiere la importancia de la mujer de los poemas sin importar la identidad que celosamente guardan lo mismo el hombre que el poeta.

El mismo título resulta exclusivo como lo es la totalidad de poemas recogidos bajo sí; pero incluso hay algo fascinante que apunta la mirada sobre el *eros* martiano. Se habla aquí en amplio sentido de sensualidad, pasión, sexo y vitalidad; especialmente cuando surge una curiosa incertidumbre. Y es el hecho inefable de quien inspira los versos. Ya se ha dicho: no lo sabemos, ni el poeta nos deja saber.

Pero es obvio, que la causa del misterio de la amada es este poemario, epítome de ese juego de la piel y el espíritu, que absortos entre las líneas de un diario poético, acentúan la existencia en carne y hueso de la hembra, la del amor, la única: *y tú, pobre mujer que sacudiste/ las cuerdas duras de mi lira, ¡gracias!* [Pc.Ec. II, 202]. Su imagen suele ser evocada como buena y pura; su presencia como discreta y afable. Similar nota se lee en los acentos de un ambiente y tono enigmáticos: *y hubo un ruido: —volaron ruiseñores/ y en el seco floral nacieron flores* [Pc.Ec. II, 205]. Si solo se tratara de un lenguaje metafórico de mera ganancia plástica, siempre se exclamaría: ¡qué extraños epigramas estos! Pero al tratarse de Martí, su manejo léxico-semántico —de *quiebros desusados y asonantes raros*—, a nadie ha de extrañar.

Con todo, *Polvo de alas de una...* es un libro único en varios sentidos. En cuanto a tono, contenido y forma, al igual que en cualquiera de los poemarios conocidos, Martí es fiel al principio de que *no debe expresarse en poesía sino lo muy profundo, lo muy amargo, lo muy delicado, lo muy tierno* (21, 331). Desprovistos del exceso de figuras retóricas, los versos fluyen mínimo y puntuales, entre epigramas, pavanas y madrigales; son conmovedoramente flexivos y expresos como corresponde a la función auto-comunicativa de la lírica.

El poeta cuenta una historia; mas no cualquier historia, sino la suya, con la sencillez del diálogo natural y preciso. Pero el diálogo no es hacia afuera, ni con nadie; es hacia adentro y para sí, muy a pesar de los apóstrofes e interpelaciones que de continuo marcan los textos. Martí se pregunta y se responde con la intención de enfatizar su angustia de vida. Emplea este recurso, como conjunto textual, con la intensidad semántica que genera en la articulación de poemas, en cuanto ritmo cadencia y disposición de las palabras. Y lo que a primera vista parece mera pregunta retórica, en verdad revela el alma y el contexto de su creador junto al carácter autobiográfico que los rige.

Con esto, se asiste a una poética de la sinceridad: *hay algo de plástico en el lenguaje, y tiene él su forma escultórica y su color, que solo se perciben viendo en él mucho* (21, 464). El drama de acontecimientos reales, a menudo diluidos en una tensión romántica, proporciona una especie de equilibrio o desequilibrio emocional, según sea la lectura del espectador. Pero algo queda siempre claro como en el corpus poético de *Polvo de alas de una...*: el *creador concurre con lo creado y se aparta de todo egocentrismo e insensatez, de toda mentira y complicidad.*[53] Sobre todo, porque su oficio poético parte de una premisa medular: *acercarse a la vida —he aquí el objeto de la Literatura: —ya para inspirarse en ella; —ya para reformarla conociéndola.* (21 227)

---

[53] Ibídem, 15.

Estos son polvos de alas de una gran mariposa*

---

*De acuerdo con la nota editorial de la [Pc.Ec. II, 207], en el margen izquierdo de la hoja índice, se lee: polvo de alas de una gran mariposa. (La palabra que antecede en Oc. —Estos son— no aparecen, por estar cortada la hoja).

José Raúl Vidal

ÍNDICE*

Dirán, puede ser que digan
Digo que cuando salto
[Si a mis amores se asoma] [1]
Triste, impaciente, velador, lloroso
Cuando le digo adiós, se queda el alma
De enfermos no me digas
¡Oh! diles que callen
Quema el sol; muere el césped; arde el llano
Bueno es sufrir: cuando en el lado izquierdo
Ya cruza los mares
El ancla está levada
El hierro, amigo mío
Mi mano [puse en tus labios] [2]
De ardiente sed [p.i.] [3]
No leas en libros ajenos
Me han dicho que la estrella
Aunque pases, pasa!
Que piense? No pienso!
Que mis versos vuelan
Logré sus miradas

* Hoja índice de *Polvo de alas de una gran mariposa*, abocetada por Martí. [Pc. Ec. II, 191-192]
[1] Según nota en [Pc.Ec. II, 207], título ilegible. Podría ser: Si a mis amores asoma.
[2] No aparece el original de este poema.
[3] Poema manuscrito del que solo se descifra: De ardiente sed, los labios agrietados. La nota editorial de [Pc.Ec. II, 207], especifica que existen dos ms. ilegibles de esta composición.

Polvo de alas de una gran mariposa

Mis pensamientos
Oh ven, oh ven: tú dejas en mi vida
En chispas, como en fuego
Pintar! No puedo pintar
Señor, la claridad que te pedía
Pastores risueños
Ayer, al darme al sueño
Que de qué madera
Qué me pides? Lágrimas?
Oh ya puedo morir: la he conocido!
Dicen que Nubia es tierra de leones
Murmurando versos
Cuando viene el verso
En los diarios que leo
Cuanto pudo ser, ha sido
Vete—, bien puedes irte.
Tiene el cielo la vía láctea
Lo que al labio saco
De estos versillos
Libro de amor, que se cierra

[Ms. en CEM]

Dirán, puede ser que digan
Que estos efluvios de amor
Son de éste, o aquel o esotro:
    ¡Vive Dios!
Decidme, oh mariposas de colores,
Deleites vagos, enramada en flores,
Luz astral, ramos de oro, olor de selva:
Decid: ¿Sois de Frankfort, o sois de Huelva?

Digo que cuando salto
De un papel de comercio a un verso ardiente
Que viene de lo alto
Y me pasa rozando por la frente,
No curo que imagine un alma fatua
Que en ajeno taller forjo mi estatua.

José Raúl Vidal

Triste, impaciente, volador, lloroso,
En lágrimas la faz, la pluma inquieta:
    El demonio del verso
    Que está a la puerta!

Polvo de alas de una gran mariposa

Cuando le digo adiós, se queda el alma
De pálida y sagrada* angustia llena,
Como queda un palacio
De enfermos no me digas
Ni de moribundos:
Sino de tanto bravo sin ejército,
Sino de tanto muerto sin sepulcro!

---

* Al decir de Emilio de Armas, sagrada es palabra de muy dudosa lectura. (de Armas, E. José Martí. Polvo de alas de una... 22.

Oh! diles que callen;
      Diles que no rían;
      Que no gocen diles;
Que está lejos de mí la amada mía!

Quema el sol; muere el césped; arde el llano;
    Reluce el mar; ¡Dios mío!
¿Cómo en mitad del férvido verano
    Siento yo tanto frío?

José Raúl Vidal

Bueno es sufrir: cuando en el lado izquierdo
Del seno roto arder se siente un cáncer,
Sobre la llaga ardiente, un perfumado
Lirio blanco y azul sus alas abre.

Ya cruza los mares,
Ya el buque la lleva
Donde nunca los ojos llorosos
Podrán ir a verla:
Oh nubes y vientos!
Oh gaviotas felices que vuelan
Y en los mástiles altos posadas
A la dama del buque contemplan.
Oh gaviotas que en torno a sus plantas,
De plumas sin mancha,
Por darle alfombra
¡Sus alas despueblan!*

* Según nota de [Pc.Ec. II, 207], se añade signo de admiración como en Oc.

El ancla está levada:
Queréis, gente de mar, saber cuál deja
Rota la tierra, al levantarse, el ancla?
Bajad, oh marineros,
Al fondo de mi pecho!

El hierro, amigo mío,
Se funde así; y el bondadoso herrero
Me iba a decir, ante las anchas tazas,
Cómo se funde el hierro.
Y yo, que sufrí tanto
Ayer, posé en el yunque
Mi mano ya insegura; y dije al hombre:
Yo sé cómo se funde!

No leas en libros ajenos,
Amores de gente extraña;
Lee mejor los poemas que escribo
En tu frente gentil con mis miradas…
Y ve las de mirra e incienso
Torres de humo azuladas,
Que verde luz desde hoy que te he visto
De mí se escapan como de una urna sagrada.

Me han dicho que la estrella
    Que yo esperaba
Ha pasado de noche:
¡Una magnífica estrella blanca!

Aunque pases, pasa! —
Muerto, aún verán que de mi cuerpo surge
El pálido perfume de tu alma.

Que piense? No pienso!
En ramilletes y en coronas surge
De un alma enamorada el pensamiento

José Raúl Vidal

Que mis versos vuelan
Como mariposas
Pequeñas e inquietas:
Ay! quédate, y verás la maravilla
      De una mariposa
Que cubre con sus alas
          Toda la tierra.

Logré sus miradas:
Toqué ligeramente sus vestidos:
Ni una arruga en ellos,
Ni una arruga en tu alma!

Mis pensamientos,
Pensando en ella,
Retozan, saltan,
Matizan, juegan,
Como corderos
      En yerba nueva.

Oh ven, oh ven: tú dejas en mi vida
Una casta blancura de alabastro
Y esa doliente claridad perdida
Que da en la noche silenciosa un astro.

En chispas, como el fuego,
    Mis versos saltan.
    Así contra la roca
Las aguas azules quebradas estallan.

Pintar! No puedo pintar
Este augusto desconsuelo:
Es la soledad del cielo
Y la tristeza del mar.

José Raúl Vidal

Señor, la claridad que te pedía,
Que con trémulas manos imploraba,
Se entran a raudales por el alma mía!
Señor, ya no me digas la manera
Con que el mundo florece en primavera:
No me digas, Señor, cómo se enciende
El sol, que en el amor esto se aprende:
Ni saber quiero ya, pues lo sé en ella,
Cómo esparce su luz la clara estrella!

Pastores risueños,
Fragantes mañanas,
Palomas dormidas,
Y allá en la cima de los montes regios
      Magníficas águilas: —
Venid, oh amigos, celebrad conmigo
La visita del júbilo a mi alma.
      Tocad a su puerta,
      Llamadla en voz baja:
      Si duerme, que duerma!
Pues viva o dormida, o aun muerta,
Para siempre la llevo en el alma!
      Dejadle oh palomas,
      Las gotas del claro rocío
      Que os brilla en las alas:
Y vosotras, mis águilas fieras,
      Dormid a sus plantas!
Si despierta, oh pastores, llevadle
En cestos de flores palomas muy blanca!
Por Dios, que esto es gozo,
Oh, qué cielo tan claro es el alma!
Prendedle, pastores,
Todo el lecho de blancas guirnaldas!

José Raúl Vidal

Ayer, al darme al sueño, como en nube
Venir te vi, y luego hermosa y grave
Subir en paz, como el incienso sube
Del blanco altar a la espaciosa nave.

Que de qué madera
Mi féretro has de hacer? Pues yo lo hiciera
De ella, de sus perlados
Brazos, y de sus senos perfumados.

Qué me pides? Lágrimas?
Yo te las daré:
Si tengo el pecho de ellas tan lleno
Que ya con ellas no sé qué hacer.

Oh ya puedo morir: la he conocido!: —
Brilla, este amor, envuelto en blancos velos
Como un ramo de estrellas suspendido
En la región serena de los cielos.

Dicen que Nubia es tierra de leones:
    No puede ser:
La tierra de leones es un alma
    Sin amor de mujer.
    Y tierra de palomas
Aquella, oh amor, donde tú asomas.

Murmurando versos
Paso por la tierra:
Así pasa el aire
Quejoso por las suaves madreselvas.

José Raúl Vidal

Cuando viene el verso
No se sabe bien:
Pasas tú, —y el verso
    Pasa también.

En los diarios que leo,
En las nubes que cruzan,
En el aire invisible, mis errantes
Desconsolados ojos te dibujan.
Y me cubro los ojos,
Como alivio a mi angustia, —
Y del fondo del alma te levantas,
Llorosa, inconsolable, eterna, augusta.

José Raúl Vidal

Cuanto puedo ser, ha sido:
Qué me importa lo demás?
Si el amor es todo mío
Del vaso que se me da?

Vete, bien puedes irte. Como deja
Ancho surco en la mar la nave hermosa,
Así tu imagen en mi extraña vida:
Vete, —y mi pena cuajará la espuma!

Tiene el cielo la vía láctea:
 Pues yo tengo más:
Tengo el recuerdo de la tarde aquella
En que te vi, mirándome, a punto de llorar.

Lo que al labio saco
Lo saco del pecho:
Si sale en alemán, es que alemanes
El amor y el dolor se están volviendo.

José Raúl Vidal

De estos versillos
Nadie se queje:
A veces es un mar el que rebosa
Y una alondra que pasa es otras veces.

Libro de amor, que se cierra
Sin nube, mancha ni ocaso,
Fuente pura, limpio vaso,
    Vete a consolar la tierra!

              [Mc. y ms. en CEM]

Polvo de alas de una gran mariposa

La pena como un guardián*

---

* La tal serie conocida como La pena como un guardián, de la que no hay índice ni fecha como suele ocurrir en la mayor parte de la poesía martiana, no existe como grupo independiente, sino como textos trabajados por Martí, únicos e inherentes al corpus poético de Polvo de las de una... debido a la afinidad de tono, estilo, tema y forma como elementos comunes de realización.

José Raúl Vidal

La pena como un guardián
En mi espíritu reside—
Y colérica despide
A los que entrando a él van.

Éste que voy enterrando
Es mi derecho a gozar:
No me lo despierte nadie,
Que es fuente de todo mal.

Al compás de los versos de Méleo
      Se baila y se goza:
Al compás de los versos de Flámeo
      Se sufre y se llora: —
Rompe, Flámeo, la copa cinérea:
Hinche, Méleo, la copa sonora!

Venid, que os llene de clavel y violas
Oh doncellas, los blancos delantales!
De un cabo a otro del cielo está tendido
Un toldo a cuya sombra huyen las penas.

José Raúl Vidal

Que mis versos vuelan
Como mariposas pequeñas
    Dicen, que pase
Como un arroyo ciego
Sin reflejar la flor prisionera
Que a mi orilla asoma.

    ¡Dile, subiendo, a la gran naturaleza,
    Que el curso de las aguas cambie!*

---

* Versos no incluidos en [Pc.Ec.], de 1993.
Tomados de (de Armas E. José Martí. Polvo de alas de una... 63)

Ven, y apriétate a mí: mira cual cruzan
Los amores, cual cerdos en bandadas:
Ven! tú me cuentas lo que yo sabía:
    Tu amor viene dormido en un águila!

José Raúl Vidal

Y tres años después, en donde mismo
Saque del alma estos extraños versos,
Vi sin temblar la que amé temblando.
¿Qué paso entre nosotros? Pasó el tiempo.

Todas las fieras se han dado cita
      Sobre mi alma, —
Y como el hígado de Prometeo,
      Mi alma no acaba.
Es que de dientes de fiera acaso
      Mi alma se nutre: —
Y crece el hígado con las mordidas,
      Y crece el buitre!

De levantarme acabo:
Acostarme quisiera:
¡Dadme pronto la cama
Donde no se despierta!

Lució en mi vida lóbrega, cual luce
En la desdicha, el alba de la muerte.*

Hay en el cielo, como el mar, paisajes
De oro y azul, y súbito, se ven
Cual guerreros ceñudos, negras nubes,
A un rincón apiñadas en tropel:
Y hay rayos en el cielo, como espadas
De un titán luchador que no se ve:
Y hay, como estos fugaces versos míos,
      Relámpagos también.*

---

* Versos incluidos en el Apéndice de Polvo de alas de mariposa. [Pc.Ec. II, 212]

* La actual Oc.Ec. (15, 20) ubica estos versos —de los que existe otra versión mecanuscrita más extensa en (Oc.Ec. 15, 24)—, como pertenecientes a Polvos de alas de una gran mariposa y no a La pena como un guardián. Cfr. Apéndice Y.

De un padre que tuve
Tan sólo recuerdo
Que de mi cuna al borde sollozaba
Cuando nací, como si hubiera muerto.

Magnífica doncella
Va, camino de abajo, cabalgando
En una mula ruin: que quién es ella?
Mi mente es la magnífica doncella.

José Raúl Vidal

Mañana, como un monte que derrumba
De noche y en sigilo su eminencia, —
Como un vaso de aromas hueco y roto,
    Caeré sobre la tierra.

¿Mi cráneo? dices que saber te holgara
Lo que anda dentro de él: pues llega y velo:
Hay un mar de agua azul, serena y clara:—
Y desde que viniste tú, hay un cielo!

José Raúl Vidal

    Airados me preguntan
    Benévolos amigos
Por qué en libros no vierto el alma ardiente: —
—Oh, sí!: yo escribiré todos los libros
    Que quepan en su frente!

Escribe:
Escribe eso que cuentas.
—Aún tengo las entrañas recién rotas:
No puedo todavía!

José Raúl Vidal

¿Qué niño recién puesto en blanca cuna,
Qué mariposa azul habrá que lleve
A ti este amor más claro que la luna
Sobre un prado cubierto por la nieve?

Y tú, pobre mujer que sacudiste
Las cuerdas duras de mi lira, gracias!

José Raúl Vidal

Palabras? ya sé: palabras,
No me las puedes decir;
Pero mirarme, sí puedes:—
Basta para vivir!

Papel, faltarme podrá:
Cielo donde escribir lo que me inspiras
    Nunca me faltará!

José Raúl Vidal

Surjo! —La noche llega, a mí la rima
Retorna, y en la sombra que la encanta,
Tu amor, como una torre, por encima
De la callada tierra se levanta.

Como una enredadera
Ha trepado este afecto por mi vida:
Díjele que de mí se desasiera,
Y se entró por mi sangre adolorida
Como por un balcón la enredadera!

José Raúl Vidal

Como de entre malezas león dormido
Resurge de mi mente el pensamiento:
Pero míralo bien —verás que lleva
Tinto de sangre lo mejor del pecho.

Toma este hierro, — y a la moza infame
Que oscureció mi espíritu soberbio,
Para vergüenza de mujeres frívolas
Márcale bien la frente con el hierro!

José Raúl Vidal

Es rubia. Como el carro del esbelto
Heclas de Olimpo, fúlgido y sonoro,
Voy desde que la quiero, como envuelto
En una nube de centellas de oro.*

* Este poema, que originalmente está recogido en la serie La pena como un guardián, de la Pc.Ec. (1985 y 1993), aparece también en la edición impresa de Oc.Ec. tomo 14, página 356, del 2007, bajo el acápite [Versos sencillos en hojas sueltas], catalogado como Versión de la primera estrofa del poema [XVII] que aparece en la página 322, de la misma. Sin embargo, fue removido de la reedición de Oc.Ec. (mismo tomo y página) del 2012; otra de las grandes pifias a cuenta del CEM, de la que no se ofrece razón alguna.

Yo tengo en mi oficina
Un calado sillón de sicomoro;
Y cuando pienso en ella
Me siento en mi sillón calado y lloro.

José Raúl Vidal

Naturaleza mi desdicha sabe:
Llueve: el oscuro cielo encapotado
Turbio en los hondos lagos se refleja:
Viento recio los árboles encorva,
Y como gimo yo, todo parece
Que como yo desesperado gime:
Y por el mar plomizo, como féretros,
Lacias las velas, grandes barcos cruzan.

Oigo el fuego silbando, y me parece
Que del negro carbón un alma surge
Que con alas tendidas a mí viene:
Que lo vi, yo lo vi: —diga si es bueno
O no, cualquier bedel docto en prosodia.

    La tierra! —oigo decir: — toda la tierra
Es mero pedestal del alma humana.

              [Mc. y ms. en CEM]

José Raúl Vidal

Pues digo que el ajenjo
No es más amargo
Que un amor que no puede
Salir al labio.

Oh qué hermoso será un muerto
Tendido en el paño azul
De los cielos —las estrellas
Por cirios —oh, qué gran capilla ardiente!

José Raúl Vidal

La ciudad es grande, cierto,
Y rica, y brillante, y bella,
Y yo soy un hombre muerto,
Y mi sarcófago es ella.

Anoche me abrí el pecho
Para verte mejor, esposa mía: —
Y una paloma allí, como en su lecho
En el seno de un águila dormía. —

¿Qué este canto mío
Es canto alemán?
Pues dime: aquellos besos que me diste
¿También allá se dan?

Yo sé cómo cae un fardo
En tierra: yo lo he aprendido—
Viendo cómo mi espíritu gallardo—
En mitad de un seno ¡ay! ha caído.

José Raúl Vidal

Garza, la de blanca pluma,
Ave, la de rojos pies.
Así es la vida —la corona espuma
La baña sangre: así es!

Causa pasmo a la gente
　Mi breve estrofa—
¡No vi jamás en larga línea recta
　Volar las mariposas!

Y te apoyas en mi hombro, y me preguntas:
    ¿Estás triste? ¿qué tienes?
Si no me has dado un beso todavía,
    ¿Cómo he de estar alegre?

Y hubo un ruido: —volaron ruiseñores
Y en el seco floral nacieron flores. —

Esa rosa que me das
De tu rosal es la flor,
Y estos versos que yo exhalo
Son la flor de mi dolor.

De mi cuaderno al golpe
Ruedan las copas:
Así rodarán de mi pena al choque,
De mí arrancadas, mis humanas ropas.

Corazón, hoy me han dicho
Que en esta pena anhelas hallar miel.
Corazón: está quedo!
Hijos me dio tu amor: morir no puedo.

Todo se va muriendo
A mi alrededor:
¿Es que se muere todo
O es que me muero yo?

José Raúl Vidal
_____

    Yo propongo un adorno [muy] mío
    Para pechos que [pasen] por llamas: —
    ¡Que de un collar de [tristes] margaritas,
    Cuelguen un cerdo pequeño y [ornado]:—
        Y pediré el primero
        Que salga de las manos del joyero:—*

* Versos incluidos en el Apéndice de *Polvo de alas de mariposa*. [Pc.Ec. II, 211]

Me casé? Yo me casé
Con un castillo de nubes:
Y en la noche de mis bodas
Vi que era un cesto de cintas azules.
Y vi el cesto, yo lo vi
A la luz de la tormenta,
Y hallé —no hallará la muerte!
Que era un cesto de cintas muy negras.

José Raúl Vidal

De mis versos ¿qué me queda?
No te diré yo quién soy.
Nadie lo sabe: yo voy
Como ola ardiente que rueda.*

[Mc. y ms. en CEM]

* Esta cuarteta que cierra La pena como un guardián, fue erróneamente incluida por Gonzalo de Quesada y Miranda, quien desconoce, en su momento, que integra una décima (de once versos) dedicada, *a la joven Isabel Esperanza Betancourt, hermana de Emma Betancourt, la esposa de Ignacio Ernesto Agramonte (hijo)*. Ver poema completo en Apéndice X y su correspondiente nota de presentación. Los compiladores de la [Pc.Ec. II], de 1985, la añaden al final de La pena como un guardián; mientras que la actual Oc.Ec. del 2007, la ubica en el tomo 16, bajo el acápite Otros Poemas, so pretexto de que Las fuentes originales de estos poemas se desconocen, según nota en la página 263.

Apéndice X

Poema dedicado a Isabel Esperanza Betancourt, hallado por Axel Li Cabrera y publicado en su artículo Visitación del azar: versos inéditos de José Martí. Aparece íntegramente publicado en Oc.Ec. 15, 217-18 (2007), con una nota de remate que reza: *[Ms. en Fondo documental museable del Museo Ignacio Agramonte, Camagüey]*:

Quieres mis versos tener:
¿Qué versos te ha de decir
Quien queda, con verte ir,
Sin lira ya que tañer?—
    ¿Versos? —Pues con ser mujer
Y nacer de quien naciste,—
Flor de estrella, —verso fuiste,
Delicado, casto, airoso
Más que el cantar querelloso
De un hombre pálido y triste.

De mi vida ¿qué me queda? —
No he de decirte quien soy: —
¡Nadie lo sabe! Yo voy
Como ola ardiente que rueda

A vientos torvos, remeda
Ruidos de edades futuras,
En silencio a las alturas
Encúmbrase, y desmayada
Del bravo intento desciende,
Y gime, y te ve, y se tiende
Dormida en tus plantas puras.

¡Oh lago, que apenas riza
De mayo el terral primero,
Y queda en ti prisionero
Del encanto que lo hechiza!:
    No sabes cómo suaviza
La vida recia el hallar
Niña que sabe llorar
Las penas propias y ajenas:
¡Vale más consolar penas,
Niña, que saberlas dar!

    No sabes qué deleitosa
Paz se esparce en nuestra vida
Cuando halla el alma vencida
Una niña pudorosa: —

¡Cual mira la primer rosa
El que vuelve de la guerra!;
¡Cual si el misterio que encierra
El cielo, se abriese al bardo!
¡Cual si el aroma de un nardo
Llenase toda la tierra! —

¡Y se me va ya el frescor
De alba, y el lirio pascual,
Y aquel hermoso floral
Todo gala y todo flor!—
    Prendada de tu candor
Mal su pena el alma doma,—
Y cuando la vela asoma
Que ha de llevarte a otra tierra,
Ay! —me parece que cierra
Sus alas una paloma!—

                        José Martí
                        Agosto 5, 83
                        Manhattan Beach

Apéndice Y

Variante mecanuscrita, también con versos manuscritos, de [Hay en cielo...], incluida por la actual Oc.Ec. 15, 24, en *Polvo de alas de una gran mariposa* como poema *per se*. A primera vista, pudiera considerarse como esbozos de un texto mayor a elaborar, según las variantes y tachaduras hechas por Martí sobre los textos. Sin embargo, la variedad y separación estrófica que salta a la vista, desde el madrigal de inicio, al que siguen dos epigramas, luego otro madrigal y la pavana de cierre, hace que se lean mejor como poemas independientes, como mismo lo recogieron en su momento las ediciones de [Pc.Ec. II] de 1985 y 1993 respectivamente:

> Hay en el cielo, como el mar paisajes
> De oro y azul: y súbito, se ven
> Cual guerreros ceñudos, negras nubes,
> A un rincón apiñadas en tropel:
> Y hay rayos en el cielo, como espadas
> De un titán luchador que no se ve:
> Y hay, como estos fugaces versos míos,
> Relámpagos también.

> Palabras, ya sé, palabras
> No me las puedes decir;
> Pero mirarme, sí puedes!
> Basta para vivir.

Papel, faltarme podrá:
Cielo donde escribir lo que me inspiras
Nunca me faltará!

Mañana, como un monte que derrumba
De noche y en sigilo su eminencia,—
Como un vaso de aromas hueco y roto
Caeré sobre la tierra?

De un padre que tuve
Tan solo recuerdo
Que de mi cuna al borde sollozaba
Cuando nací, como si hubiera muerto.

Apéndice Z

Versos en elaboración pertenecientes a Polvo de alas de una gran mariposa, recogidos en Pc. Ec, II, 211-212. No aparecen en Oc.

>Dicen que [hay] [Pi.]! que pase
>Como un arroyo ciego
>Sin reflejar la flor [prisionera? pisada?]
>Que a mi orilla asoma.
>
>¡Dile, subiendo, a la gran naturaleza
>Que el curso y [...] de las aguas cambie!
>
>••••
>
>Después [Pi.]
>[iré] dormido bien:—
>Puede ser que mañana me muera
>Y aún en el otro mundo me reiré.
>
>••••
>
>Alza, granuja, [...]
>[cuánta? cuál?] estrella caída:—
>[tráela?], que el amar la estrella es cuerdo
>
>Álzala con cuidado
>No gruña el cerdo en ella aposentado
>
>••••

Yo pongo un adorno [muy] mío
Para pechos que [pasen] por llamas:—
¡Que de un collar de [tristes] margaritas,
Cuelguen un cerdo pequeño y [ornado]:—
Y pediré el primero
Que salga de las manos de joyero:—

••••

Un día, un caballero
En flor la lanza, en luces el acero
Mal [Pi.] con sangre la armadura,
Saltó al camino, descalzóse el guante;
Alzó su mano: la dio a una [vida] pura
Y, sin [Pi.], salió adelante!—

••••

En mi bosque hay un rincón
[.........................] ¡solo crece!
Da en la noche el [silencio], y os parece

••••

Lució en mi vida lóbrega, cual luce
En la desdicha el alba de la muerte

••••

Yo hubiera obedecido,
Extraña pasajera, [...]
Tu imperiosa mirada,
WQue tengo en cierto viaje el al [...]

[Mc. y ms. en CEM]

Sobre el Autor

José Raúl Vidal y Franco, La Habana-Cuba, agosto de 1968. Desde muy temprana edad vivió en Camagüey, a donde sus padres se trasladan el 31 de octubre de 1971, hasta su salida del país, a fines de 1998, junto a su esposa y dos hijos pequeños.

Ensayista y crítico literario. Profesor investigador de la obra martiana. Miembro de la Academia de la Historia de Cuba en el Exilio. Autor de *José Martí: a la lumbre del zarzal* (2014), Los *Versos libres de José Martí: notas de imágenes* (2015), *Lo de Puerto Príncipe. José entre armas, bandidos y traidores* (2017).

Es autor de numerosos estudios, entre los que se destacan Amor con amor se paga: un proverbio inmenso (1994), El ritmo semántico como principio estructurador de los Versos libres (1995). La naturaleza en Martí: motivo de una reflexión (1995). En torno al 10 de octubre de 1868 (1997). A propósito del Diablo Cojuelo (2016). El Homagno de José Martí: unas notas al margen (2016). José Martí: espectador y cronista de la sociedad norteamericana (2017). Fernando Poo, 1869: Destino Final (2020). El Grito ahistórico de Yara (2021). El 24 de febrero de 1895 (2022). Desencuentro: Martí, Gómez y Maceo (De La Mejorana a Dos Ríos) (2023).

Otros trabajos suyos aparecen publicados en *Insularis Magazine*, revista trimestral de Literatura, Arte y Pensamiento; *Nagari*, Revista de Creación Literaria; en *Curazao*, Revista Cultural de la red de Bibliotecas Cívicas Reynaldo Bragado Bretaña, en Cuba; y en el *Anuario Histórico Cubanoamericano* (Una publicación de la Academia de la Historia de Cuba en el Exilio). Ha participado en numerosos simposios, dedicados a temas de Historia de Cuba, así como autor invitado de la Feria Internacional del Libro de Miami y de la *Fundación Cuatrogatos*. Vive en el exilio, Miami desde el 12 de octubre de 1998.

Dar gracias

Mi tributo a los arquitectos de este libro:

A Leo Morell, hacedor de esta ofrenda artística, por la amistad que nos implica de tantos años.

A Emilio J. Sánchez, profesor y amigo a quien agradezco la iluminación de nuestras conversaciones.

A Axel Li Cabrera, conversador sincero, viejo amigo.

A mi esposa, María Elena, a quien todo debo.

Y, a Dios, por ellos y por mí.

Bibliografía

ACEVEDO Y FONSECA, M. L. (2016). *Bautismo en la soledad. Biografía de Carmen Zayas Bazán, esposa de José Martí.* Camagüey, Ácana.

ÁLVAREZ, L. E. (1994). *Polvo de alas de mariposa.* La Habana, Artex y Centro de Estudios Martianos.

ÁLVAREZ, L. E. (1989). Pro captu lectoris: los versos mínimos de José Martí. La Habana, *Patria*, (2), 42-69.

BACHELARD, G. (1972). *El aire y los sueños.* Ensayo sobre la imaginación del movimiento. México, F.C.E.

BIBLIA, SANTA. (1960). Reina-Varela. Sociedades Bíblicas Unidas, Holman, Nashville, Tennessee.

BIBLIOTECA CLÁSICA GREDOS. (1978). *Himnos Homéricos. La Batracomiomaquia.* 1ra. ed. Madrid, Gredos, S.A.

CHEVALIER, J. Y ALAIN C. (1995). *Diccionario de los Símbolos.* Barcelona, Herder.

DICCIONARIO DE AMERICANISMOS. (2010). Madrid, Real Academia Española.

DE ARMAS, E. (1991). Génesis y alcance de los Versos libres. La Habana, Anuario del Centro de Estudios Martianos (14), 95.

DE ARMAS, E. (2018). *José Martí. Polvo de alas de una gran mariposa.* Miami: Emmanuel, Colección Entre Ríos.

DE ARMAS, E. (1978). *Un deslinde necesario*. La Habana, Arte y Literatura.

DE QUESADA Y MIRANDA, G. (1943). *Mujeres de Martí*. La Habana, *Revista Índice*.

Evelyn-White, H. G. (1982). *Hesiod. The Homeric Hymns, and Homerica*. Harvard University Press.

GARCÍA PASCUAL, L. (1999). *Destinatario José Martí*. La Habana, Abril y Centro de Estudios Martianos.

GARCÍA PASCUAL, L. (2003). *Entorno martiano*. La Habana, Abril.

GONZÁLEZ ESTEVA, O. (2014). *Animal que escribe. El arca de José Martí*. Madrid, Ed. Vaso Roto.

GRIMAL, P. (1981). *Diccionario de mitología griega y romana*. Barcelona, Paidós.

HESÍODO. (1978). *Teogonía*. Universidad Nacional Autónoma de México.

JUNG, CARL G. (1995). *El hombre y sus símbolos*. Barcelona, Paidós.

LI CABRERA, A. (1999). Visitación del azar: versos inéditos de José Martí, en *El Caimán Barbudo*. Año 32. Edición 295. (Impreso)

MARTÍ, J. (1947). *Obras Completas de Martí*. La Habana, Trópico.

MARTÍ, J. (1975). *Obras Completas*. La Habana, Ciencias Sociales.

MARTÍ, J. (2007). *Obras Completas*, Edición Crítica. La Habana, Centro de Estudios Martianos.

MARTÍ, J. (1993). *Poesía completa, Edición Crítica*. La Habana, Letras Cubanas y Centro de Estudios Martianos.

MARTÍ, J. (1996). *Testamentos de José Martí. Edición Crítica*. La Habana, Centro de Estudios Martianos y Ciencias Sociales.

MAÑACH, J. (1952). *Martí. El Apóstol*. (Cuarta edición). Buenos Aires, Espasa–Calpe, S.A.

OCAMPO, L. (2014). Polvo de alas de una gran mariposa: versos martianos. *htt://www.josemarti.cu/wp-content/uploads/2014/06/polvo_de_alas_de_mariposa.pdf*

PARRA SÁNCHEZ. T. (2012). *Diccionario de cultura bíblica*. México, Paulinas, S.A.

RIPOLL, C. (1992). *La falsificación de Martí en Cuba*. (Segunda edición anotada). New York, Unión de Cubanos en el Exilio. (Edición fuera de comercio)

RIPOLL, C. (2004). *José Martí, Bestiario*. Nueva York, Editorial Dos Ríos.

RIPOLL, C. (1999). *José Martí: notas y estudios*. Nueva York, Editorial Dos Ríos.

RIPOLL, C. (2001). *José Martí: Nuevas Obras Completas*. Nueva York, Editorial Dos Ríos.

RIPOLL, C. (1995). *La vida íntima y secreta de José Martí*. Nueva York, Editorial Dos Ríos.

RIPOLL, C. (2000). *Martí: un retrato y unos versos desconocidos*. Nueva York, Editorial Dos Ríos.

RIPOLL, C. (2002). *Martí Secreto*. Nueva York, Editorial Dos Ríos.

SARABIA, N. (1999). *La patriota del silencio*. Carmen Miyares. La Habana, Ciencias Sociales.

SARABIA, N. (2012). *María Mantilla, más allá de la ternura*. Santa Clara, Capiro.

SCHULMAN, I. A. (1964). Bécquer y Martí: coincidencias en su teoría literaria. *Revista Duquesne Hispanic Review*. (3), 57-87.

SCHULMAN, I. A. (1994). *Ismaelillo. Versos Libres. Versos Sencillos*. Letras Hispánicas, Madrid, Ediciones Cátedra, 211.

SCHULMAN, I. A. (1960). *Símbolo y color en la obra de José Martí*. Madrid, Gredos, S. A.

TODOROV, T. (1981). *Símbolo e interpretación*. Caracas, Monte Ávila Editores.

TODOROV, T. (1991). *Teorías del símbolo*. Caracas, Monte Ávila Editores.

ULLMANN, S. (1972). *Semántica: Introducción a la ciencia del significado*. Madrid, Ediciones Aguilar.

VIDAL, J.R. (2015). *Los Versos libres de José Martí. Notas de imágenes*. Miami, Editorial Dos patrias.

Índice

Confidencias	13
Estos versos	15
Son polvo	21
Quiebros desusados y asonantes raros	37
Meras notas	43
Estos efluvios de amor	51
Un vaso de aromas hueco y roto	73
El pálido perfume de tu alma	83
La moza infame	107
Como mariposas	111
Alas	117
Que mis versos vuelan	121
De enfermos no me digas	129
Epílogo	131
Estos son polvo de alas de una gran mariposa	135
La pena como un guardián	175
Apéndice X	221
Apéndice Y	225
Apéndice Z	227
Sobre el autor	229
Dar gracias	230
Bibliografía	231

Made in the USA
Coppell, TX
19 January 2026